GUIDE (très) PRATIQUE DE LA SAGE-MAMAN

GUIDE (très) PRATIQUE DE LA SAGE-MAMAN

Christine COTTIER-ANGELI
Magali DEBOST

EDITIONS
MEDECINE & HYGIENE

Ce livre n'est pas un ouvrage médical. Son contenu est le fruit de l'expérience des auteures, dont les conseils ne sont pas exhaustifs. Les auteures et l'éditeur déclinent toute responsabilité concernant d'éventuelles conséquences d'un usage de ce livre qui ne tienne pas compte de cet avertissement.

Maquette et mise en pages : Atelier Françoise Ujhazi, Genève
Couverture : Françoise Ujhazi – Illustration de Karen Dieben
Illustrations intérieures : Karen Dieben

Éditions Médecine et Hygiène, 2014
46, chemin de la Mousse – CH 1225 Chêne-Bourg
www.medhyg.ch – livres@medhyg.ch

ISBN : 978-2-88049-374-5

Remerciements

Un grand merci à Annick et Sandrine qui nous ont présentées.

Un supplémentaire à Sandrine pour son partage d'expérience et son désormais célèbre « la règle avec les enfants, c'est qu'il n'y en a pas » (et « réfléchis bien avant de sortir de la maternité, une fois sortie, pour y retourner, il faut en faire un autre » !).

Merci à Marie-Laurence de m'avoir fait découvrir Philippe Grandsenne (Magali).

Merci à Eva de nous avoir présenté Karen et à Karen d'avoir illustré le Guide avant de savoir s'il serait édité !

Merci à notre éditeur de croire à ce projet, spirales comprises !

Merci au Dr P. Grandsenne d'avoir accepté de lire puis de préfacer le Guide, malgré un emploi du temps chargé.

Merci au Dr B. Cramer, au Dr J. Paley, au Dr M.-A. Morales et à E. Mirabaud pour leur relecture attentive et critique, leurs suggestions et leurs encouragements.

Merci à nos enfants : Sarah & Samuel (Christine) et Gaspard & Louise (Magali) ainsi qu'à Yann (Marina) et Alma (Karen) qui sont liés à cette jolie histoire.

Merci à nos relecteurs…

Merci à tous ceux qui ont aidé, conseillé, avisé, soutenu de près ou de loin : un livre, quelle aventure !

Sommaire

Préface

Docteur Philippe GRANDSENNE
Ex-consultant des Hôpitaux de Paris
Attaché à l'Hôpital Saint Vincent de Paul
Membre de la Société Française de Médecine Périnatale
Pédiatre

ENFIN ! Un ouvrage de deux femmes expérimentées, l'une sage, l'autre maman, qui ne prétendent pas réinventer la puériculture (dont les mères n'ont aucun besoin dans la vie quotidienne avec leurs bébés), pas plus que de ré-enseigner la médecine pédiatrique, si dévalorisée aujourd'hui dans certains milieux militants « anti-experts ».

Dévalorisée alors même que cette véritable « science » a réalisé d'immenses progrès et a permis de réduire de plus de mille fois la mortalité des bébés en moins d'un siècle : essentiellement depuis le début du XXe siècle grâce aux vaccins, puis à compter du milieu de ce dernier grâce aux antibiotiques ; le tout sans rien altérer de nos défenses immunitaires ! Ces progrès ont également bénéficié aux femmes, puisqu'il faut rappeler qu'en 1900, une sur dix mourait en couche, alors qu'aujourd'hui, dans nos pays développés, ce n'est plus qu'une occurrence d'exception.

Alors vive les conseils ultra-pratiques de ce guide exceptionnel qui aidera tous les parents dans leur métier si essentiel d'éleveur de bébés, « métier impossible » comme l'écrivait Sigmund Freud.

Bon courage ! Tous les parents y arrivent ! Et les avis de ces deux femmes (trois avec la dessinatrice) vous y aideront aimablement…

Introduction

Qu'est-ce donc qu'une Sage-Maman? Un animal hybride, né de la rencontre entre une sage-femme expérimentée (plus de 1500 bébés accompagnés dans leurs débuts de vie terrestre) et une maman à l'esprit pratique et maniant un tantinet la plume. Une rencontre? Un coup de foudre plutôt!

Christine a sauvé Magali de la dérive des premiers jours propre aux jeunes mères un peu dépassées. Et en retour, elle a été bluffée par la capacité de cette dernière à gérer la suite!

La collaboration autour du bébé Gaspard ayant été fructueuse (de même qu'avec le bébé Louise par la suite), l'envie est venue de faire partager expérience, conseils et opinions, parfois tranchées.

Vous verrez, elles ne sont pas toujours d'accord. Car après tout, Magali le répète sans cesse, la règle, avec les enfants, c'est qu'il n'y en a pas! Il faut savoir faire face à l'imprévu et à la nouveauté, car le changement est perpétuel. Amoureux des points de repères et des idées reçues, passez votre chemin!

Ceci étant dit, on peut tout de même être plus ou moins préparé, et c'est le but de ce guide (très) pratique.

Elles l'ont conçu opérationnel (parce qu'un bébé, c'est très réel), simple à lire (l'encyclopédie à feuilleter entre deux changements de couches, merci bien), facile à poser et à reprendre (parce que parfois, on est interrompu, figurez-vous!).

Et puis un peu drôle aussi, parce que c'est une drôle d'aventure et qu'il s'en passe, des choses.

Christine

Cela fait dix-huit ans que je travaille à domicile comme sage-femme, après avoir exercé à l'hôpital et en clinique.

Dix-huit ans que j'observe les mamans découvrir leurs bébés, et inversement. Que je vois la joie, la difficulté, les petits bobos, les grandes angoisses. Et surtout que j'entends des questions, souvent les mêmes, auxquelles je tente de répondre avec ma formation et l'accumulation de mes expériences.

Et puis je suis moi-même passée par là ! Je suis maman de deux enfants (désormais adolescents), dont l'un est né prématurément, et l'autre a eu un allaitement au sein très difficile.

Beaucoup de mes patientes, au fil des années, m'ont dit : « Vos trucs et astuces, pourquoi ne pas les écrire ? » J'ai retrouvé des notes qui datent de fort longtemps, et qui montrent bien que ce livre trottait dans ma tête depuis un bon moment. Oui, mais... il y a toujours un « mais » !

Et puis j'ai rencontré Magali qui a été l'élément déclencheur. Forte de ses encouragements et aidée par sa plume magique et drôle, j'ai pris mon courage à deux mains et me suis lancée dans l'aventure de l'écriture.

J'espère de tout cœur que ce guide vous aidera dans le bouleversement merveilleux mais perturbant qu'est l'arrivée d'un enfant. Un enfant que vous connaissez mieux que personne, mais qui est tout de même un inconnu !

Magali

Christine, c'est la sage-femme dont on se refile le numéro de téléphone sous le manteau, entre copines, comme si c'était un trésor secret. Le jour où elle est (vraiment) entrée dans ma vie, j'étais dans le désarroi le plus total devant ce petit être vagissant à qui je venais de donner le jour 72 heures auparavant, et que je ne parvenais pas à comprendre.

Avec calme et bon sens, elle a remis ma vie « en ordre ». J'ai réalisé grâce à elle que j'avais en moi les ressources nécessaires pour faire face. Vous pensez que j'exagère ? C'est que vous n'avez pas d'enfants encore, ou alors que vous avez oublié. Ou que vous ne voulez pas l'admettre ! Parce qu'il n'y a pas grand-chose d'aussi déstabilisant que l'arrivée d'un bébé.

Alors une main douce qui attrape la vôtre et qui vous dit « Viens, c'est par là, et ça va bien se passer », croyez-moi, c'est précieux.

J'ai réussi à convaincre Christine d'écrire ses trucs et astuces, parce qu'ils m'ont vraiment aidée. Ça ne remplacera pas, désolée de vous le dire, la visite à domicile, la tasse de thé, son sourire en vrai. Mais cela vous donnera quand même, je l'espère et le crois, la certitude que vos doutes, vos interrogations, vos hésitations sont légitimes et fondés. Et c'est déjà beaucoup !

Parce que si je suis d'accord avec Christine pour dire que c'est vous qui connaissez le mieux votre bébé, je pense aussi que vous êtes à la fois la mieux et la moins bien placée pour comprendre ce qui se passe dans les tous débuts de sa vie. Paradoxal ? Oui !

Souvenez-vous de cela, au fil de votre lecture : la règle, avec les enfants, c'est qu'il n'y en a pas ! Il faut donc être prête, mais surtout au changement et à la remise en question de ses certitudes…

Karen

Deux, c'est un couple, trois c'est une multitude. Le couple « sages-mamans » est devenu multitude grâce à la rencontre avec Karen, illustratrice. Illustratrice ? Non, seulement à ses heures perdues figurez-vous ! Karen est d'abord psychologue en exercice et surtout Maman !

Son seul regret ? Avoir lu le Guide longtemps après sa première grossesse ! Sa joie ? L'avoir illustré ! Son espoir ? Que cela vous aide !

Le schéma parental n'est pas toujours classique. Dans le Guide, nous avons utilisé les termes Papa et Conjoint mais nous sommes conscientes des variantes possibles. L'important, c'est surtout le rôle de chacun !

Liste des mots-clés

Les mots **en rouge** n'existent pas dans le Guide. Il faut aller chercher le ou les mot(s) indiqué(s) dans le renvoi.

A

A

Aide

Christine, sage-femme

La naissance d'un bébé demande de l'organisation et pas mal d'énergie.

Durant les premières semaines, votre bébé mange 6 à 8 fois par jour pendant environ 30 à 40 minutes, faites le compte ! Il vous restera donc peu de temps pour l'intendance de la maison.

Demandez à vos amis et parents de vous préparer des repas que vous n'aurez plus qu'à réchauffer, par exemple ! Et si possible, déléguez les tâches ménagères, surtout les premiers mois. Entre les tétées, essayez de vous reposer ou de dormir.

Car soyons clairs, la « Superwoman », c'est dans les films.

Magali, maman

L'ennemi de la jeune mère, c'est la jeune mère. Le « je vais tout gérer les doigts dans le nez ». Alors oui, organisez-vous, remplissez ou faites remplir le réfrigérateur et soyez imaginative : quelques heures de ménage ou de repassage, pendant quelques semaines, c'est un chouette cadeau de naissance à s'offrir ou se faire offrir.

Parce que moi, le discours « ne faites pas le ménage, ça attendra », bof : hors de question de vivre dans une maison sale… fatiguée ou pas !

Cf. Fatigue

ALCOOL

Christine, sage-femme

Nous nous contenterons de rappeler ici que la consommation d'alcool a des effets sur l'enfant in utero et sur la composition du lait maternel. Elle doit donc être gérée en toute connaissance de cause.

Même si un problème chronique ou une pathologie ne peuvent être confondus avec une consommation occasionnelle, nous vous recommandons d'en discuter avec votre médecin.

Cf. Alimentation (de la maman)

ALIMENTATION (DE LA MAMAN)

Christine, sage-femme

La fatigue agit sournoisement et peut vous couper l'appétit. Mangez bien, vous avez besoin de reprendre des forces et de reconstituer vos réserves nutritionnelles après la grossesse et l'accouchement.

Par ailleurs, si vous allaitez au sein, une alimentation pauvre en calories (moins de 1500 calories par jour) et en protéines ferait diminuer votre production de lait et votre énergie.

Règle d'or: nourrir la maman c'est nourrir l'enfant! Tout ce que vous avalez se retrouve dans votre lait.

Prenez trois bons repas par jour et accordez-vous autant de collations que vous le désirez – mais limitez le sucre. Les collations permettent de maintenir, jour et nuit, un bon niveau d'énergie.

Mais attention: pas de régime tant que vous allaitez au sein! (cf. Lactation)

Si vous mangez sainement, vous utiliserez les réserves accumulées pendant la grossesse et maigrirez doucement. C'est la meilleure méthode avec la reprise ou le maintien d'une activité physique (selon votre type d'accouchement, suivez bien les recommandations des médecins concernant le sport pratiqué, sa fréquence et son intensité).

Magali, maman

L'envie de quitter ses habits de grossesse est légitime. Passé les premiers jours, où l'on se sent comme Claudia Schiffer, avec les côtes débarrassées d'un coup d'un poids conséquent (7-8 kg en gros !), nous sommes quand même, dans notre grande majorité, pas mal en surpoids. La tentation du régime vient vite, surtout quand on regarde Miss Monde en bikini sur la plage trois semaines après son accouchement...

Grave erreur ! Les filles des magazines : 1) sont aidées pour le bébé, pour la maison et pour elles-mêmes, 2) se font souvent liposucer en même temps qu'elles accouchent, 3) ne sont pas forcément allées à terme (césarienne au 8e mois). Bienvenue dans la vraie vie !

Concernant l'alcool, je me suis abstenue lors de la grossesse (à trois exceptions près).

Durant l'allaitement, j'ai fait de même. Comme pour le reste, je suis d'avis que l'excès en tout est un défaut. Je comprends que le corps médical tienne le discours de la tolérance zéro (pas d'alcool, point) notamment par crainte des vraies alcooliques qui sont dans le déni. Mais de l'autre côté, si on est vraiment raisonnable, je ne vois pas en quoi un verre épisodique est un problème. Référez-vous à votre médecin.

Cf. Lactation

Allaitement au sein, Allaitement au biberon

Christine, sage-femme

Vous allez entendre ou vous avez déjà entendu beaucoup d'informations à ce sujet.

Avantages et inconvénients de l'allaitement au sein (et donc a contrario **Inconvénients et avantages de l'allaitement au biberon**) :

- Le lait maternel est idéalement adapté à l'évolution de l'enfant. Il se modifie d'ailleurs en fonction de ses besoins.
- Il est gratuit et stérile. Il n'y a, sauf exception de type tire-lait (bien utile), pas de matériel ou biberon à acheter, à laver, à stériliser. Le lait est disponible partout et tout le temps, à la bonne température.
- Par ailleurs, il favorise l'involution de l'utérus (le retour à sa taille normale – cf. Lochies) et il sert de contraception naturelle les 6 premières semaines.
- Enfin et ce n'est pas négligeable, l'allaitement au sein est socialement très valorisé. Vous aurez autour de vous, sans nul doute, beaucoup de compliments sur votre engagement de maman.
- En revanche, il faut savoir que personne ne pourra allaiter à votre place. Cela requiert donc une grande disponibilité de votre part (pendant le premier mois, il faut compter en gros six à huit tétées par jour d'une durée d'environ quarante minutes chacune) et pas mal de détermination.
- De plus, vous ne pourrez pas savoir la quantité de lait absorbée par votre enfant. Cela peut être angoissant pour certaines mamans.

Certaines mamans ne peuvent pas allaiter (intervention chirurgicale ou maladie) ou ne le souhaitent pas. En termes pratiques, il convient de le signaler durant la grossesse ou au moment de l'accouchement afin que l'on vous prescrive une médication adaptée pour empêcher la montée de lait. Cela ne vous empêchera d'ailleurs pas de faire, si vous le souhaitez et si cela est possible, une « tétée de bienvenue » (mise au sein avant la prise de médicaments).

Au moment de faire votre choix, le SEUL et UNIQUE conseil que je peux vous donner est celui-ci : c'est vous qui allez allaiter votre bébé, six à huit fois par jour. Ce ne sera ni votre mari, ni votre maman ni vos copines, et encore moins votre belle-mère !

Il arrive que le début de l'allaitement au sein soit difficile. Comme le dit joliment le Dr Bernadette de Gasquet, comparant dans son livre l'allaitement à des chaussures, « il est rare que des chaussures neuves ne gênent pas par ici ou là, mais si on les jette les premiers jours, on ne parviendra jamais au confort ».

Il faudra vous faire aider par le personnel soignant, poser des questions, demander à voir toutes les différentes positions pour allaiter ce qui préviendra les ennuis, petits et grands, qui peuvent survenir.

Il faudra également en parler sérieusement avec votre conjoint, car cela peut avoir une influence sur la qualité et la durée de votre allaitement au sein. Les préjugés, la jalousie, l'impatience ou les tabous sexuels peuvent avoir un impact sur votre psychisme, sur la production de lait et sur votre vie de couple.

Encore une chose : certains bébés doivent recevoir des compléments de lait en biberon pour des questions de prématurité ou de poids. Il ne faut pas s'angoisser sur la cohabitation sein/biberon. Ces repas complémentaires sont transitoires et ne vont pas l'empêcher de continuer à prendre le sein.

Permettez-moi d'insister sur un point : n'attendez pas d'être dans la difficulté pour appeler à l'aide. J'ai vu trop de mamans serrer les dents, souffrir, pleurer. Cela n'est pas nécessaire. Un simple conseil peut tout changer. Et si vous devez vous arrêter d'allaiter au sein, ce n'est pas un échec. Ne rajoutons pas la culpabilité à la difficulté !

Magali, maman

Je ne peux que rejoindre Christine. L'allaitement, c'est un choix. Pas facile de savoir quelle décision prendre dans la jungle des avis différents et des théories plus ou moins farfelues qui vont avec !

D'un côté, les adeptes du lait en poudre, qui ont du mal à se voir « allaitantes », que ce soit par pudeur, par conviction, ou par confort. De l'autre, les « pro-allaitement au sein », qui disent que c'est quasi la seule façon d'être une « vraie mère ».

La question que l'on vous posera le plus souvent lorsque vous allez devenir maman, vous verrez, sera : « Vous le nourrissez ? » Ça veut dire quoi ? Ben oui, évidemment, je le nourris ! Sinon il meurt et un bébé mort c'est nettement moins sympa qu'un bébé vivant. Dans leur esprit, cela signifie que votre lait va servir de protection à votre enfant contre tout (Y compris l'échec scolaire et la laideur ?), bref, que c'est obligé, exclusif, que cela doit durer minimum six mois et que d'ailleurs c'est l'OMS qui le dit. Oui bon, à quelques nuances près.

D'abord, l'OMS fait ses recommandations au monde entier,

et donc majoritairement à des populations n'ayant pas accès à de l'eau potable ni à des moyens de contraception modernes. L'allaitement au sein permet de donner une nourriture garantie saine à l'enfant et de limiter les grossesses, puisqu'il est une « contraception naturelle ».

Nous avons la chance de ne pas être concernées. Donc, on peut brandir des tas d'arguments, mais allons-y doucement sur ceux-là. En plus, concernant les Anticorps, j'ai là aussi tout entendu, mais surtout que les anticorps passent à travers le placenta durant la grossesse, qu'il y en a très peu dans le lait, qu'ils sont très spécifiques et ont une durée de vie limitée.

Ensuite, un allaitement au sein qui se passe bien, c'est sans doute ce qu'il y a de mieux.

Mais quand il se passe mal, alors pardon, mais c'est infernal pour tout le monde. Une maman qui se tord de douleur et qui n'en peut plus de ne pas pouvoir passer le relais à quelqu'un, je ne suis pas sûre que ce soit l'idéal pour l'enfant. Moi qui n'ai pas pu allaiter, mais qui, décidée à donner mon lait, me suis « auto-traite » pendant quatre mois, j'aurais mieux fait de me raisonner et de passer au lait en poudre. J'ai beaucoup plus câliné ma cadette, nourrie au lait en boite, que mon premier, que je posais dès son biberon terminé pour aller en vitesse lui « préparer » le biberon suivant !

Dernière chose : si vous tentez l'allaitement au sein, on va vous dire qu'il doit être exclusif. Sous-entendu, pas de biberon, car cela « perturbe la mise en place de l'allaitement ». J'ai des tas de copines qui ont fait les deux. Elles assuraient la journée et Conjoint donnait un biberon de lait (poudre ou production maison faite par Maman en prévision) le soir par exemple. Et cela s'est super bien passé. Et le jour où bébé est passé au « tout biberon », c'était plus facile. Alors, relax, faites votre choix, vos expériences et n'écoutez que d'une oreille les bien intentionnés qui sont dans l'affirmation et le péremptoire.

Quelle que soit votre décision, elle sera bonne. Et quoi que vous fassiez, soyons claires : vous l'allaitez, rapport au fait que vous lui donnez du lait. Toc.

Cf. Anticorps, Biberon

Angoisses vespérales

Magali, maman

Il est presque impossible d'échapper au phénomène, qui peut d'ailleurs se confondre avec les coliques (si la vie avec un bébé de quelques semaines était un long fleuve tranquille et d'une clarté de cristal, ça se saurait) : à l'entrée dans la nuit, à l'heure située entre chien et loup, certains bébés pleurent, parfois même beaucoup. Ils ont mangé, tout va bien, alors quoi ? Alors ils « déchargent » leur journée, ils « angoissent » de la nuit qui vient… On peut théoriser. La réalité, c'est qu'ils pleurent et qu'on est bien démuni !

La solution : garder courage ! Partir se promener (poussette, voiture, porte-bébé), se balader avec lui dans les bras à la maison, lui donner un bain (j'ai même vu des parents se coller à une hotte de cuisine car son bruit avait, selon eux, des vertus calmantes sur leur bébé !)...

Essayez ! Et surtout dites-vous que ça va passer...

Si vous n'en pouvez plus, demandez à être relayée (conjoint, famille, amis, voisin de palier... peu importe, mais laissez-le à quelqu'un d'autre que vous). Nous ne le dirons jamais assez : un parent angoissé a moins de chance de succès dans l'apaisement de l'enfant qu'un inconnu détendu... et il ne faut pas attendre d'avoir atteint ses limites.

Cf. Fatigue

Anticorps

Magali, maman

La composition du lait maternel, la quantité des Anticorps et le détail de leur action font l'objet de tonnes de discussions. Certains médecins vous affirmeront que le lait maternel est un « véritable bouclier » contre toutes les infections, d'autres qu'il ne protège que de façon limitée durant une période limitée. Je ne suis pas en mesure de trancher, n'étant pas médecin. Je me fie aux spécialistes en qui j'ai confiance, comme le Dr Philippe Grandsenne, pédiatre et auteur du remarquable *Bébé dis-moi qui tu es* (Éditions Marabout) et qui tempère la notion de « lait bouclier » en rappelant surtout les vertus d'un allaitement qui se passe bien.

Cf. Allaitement

Avion

Christine, sage-femme

Votre bébé peut prendre l'avion idéalement après un mois.

Je vous conseille de l'habiller confortablement et en « multicouches » : body, pyjama ou grenouillère, veste ou gilet, et un bonnet pour éviter l'air conditionné dans les oreilles. Mettez-lui des cotons à démaquiller ronds et assez larges sur les oreilles avant de mettre le bonnet, cela diminuera le bruit et l'air. Prévoyez une couverture.

S'il n'est pas allaité au sein, prenez un biberon ou une sucette pour lui permettre de téter au décollage et l'atterrissage (les autres passagers vous en seront très reconnaissants !), car la succion atténue les douleurs auriculaires liées au changement d'altitude (lorsqu'ils grandissent, pensez au chewing-gum !).

Magali, maman

Et en cas de pleurs incessants, pensez à aller vous isoler aux toilettes : lorsqu'on a peur de gêner (ou qu'un avion entier à envie de vous jeter par la fenêtre parce que votre bébé pleure depuis 30 minutes pendant un vol de nuit), c'est le meilleur moyen de garder la tête froide, et c'est important : aucun parent énervé ne réussit à calmer un bébé !

Cf. Liste pour voyage en Avion (dans les Annexes)

B

Baby blues

Magali, maman

Le phénomène est connu, bien identifié, lié à la chute des hormones autour du 3e jour après l'accouchement… Crise de larmes, anxiété, difficulté à dormir, perte de confiance, sautes d'humeur, impression « qu'on n'y arrivera jamais », éventuelle incapacité à faire les soins du bébé…

Pas d'inquiétude, c'est rude, incompréhensible, mais cela ne dure pas ! Pleurez un bon coup, trouvez-vous bête, ayez l'impression que c'est horrible et passez à autre chose ! (et prévenez votre entourage à l'avance).

En revanche, si cela dure au-delà de quelques jours, que vous êtes triste, angoissée, préoccupée, exagérément inquiète, parlez-en : cela peut être plus sévère et l'aide sera bienvenue.

Cf. Dépression post-partum

Babyphone

Magali, maman

Vous avez sûrement entendu parler de cet appareil qui sert à écouter votre bébé à distance. Certains donnent la température de la pièce, son taux d'humidité, d'autres sont équipés d'une caméra, d'autres encore vous permettent de « monitorer » Bébé afin de savoir s'il respire ou non.

Pas question ici de s'attarder sur certaines fonctions : aussi stressé soit-on au sujet de la mort subite du nourrisson (qui n'est devenue la première cause de mortalité chez les bébés que parce que les vaccins ont permis de limiter considérablement les autres – et qui reste marginale), soyons clairs : aucun appareil ne vous permettra de l'éviter si, par malheur, cela devait arriver...

Quant à la température de la pièce, c'est pratique si on ne s'acharne pas à vouloir maintenir Bébé à température fixe tel un poisson tropical.

Pour le reste, j'y vois trois avantages :

- Comme toutes les mamans, je me suis réveillée en sursaut à 7 heures du matin quand mon fils a fait sa première nuit, en me disant : « Ça y est il est mort. » Au lieu de me précipiter dans sa chambre et de le secouer, j'ai monté le son du babyphone et entendu sa respiration... Donc cela évite d'aller les réveiller (et de créer bien involontairement des troubles du sommeil) si on est un peu angoissé...
- En cas de grande maison, de dîners avec des copains bruyants, de vacances avec bar dans l'immeuble, cela vous donne un « champ d'action » plus grand. C'est bien agréable de ne pas aller voir toutes les cinq minutes si bébé dort alors que vous êtes dix-huit à table en pleine réunion de

famille (ce qui vous vaudra immanquablement des commentaires !). Donc il vous évite de vivre en ermite mais également de vous sentir mère indigne car vous ne savez pas si bébé pleure depuis deux heures à l'autre bout de la maison.

- J'ai adoré la fonction « talk » qui vous permet de parler à Bébé. Je me suis longuement interrogée sur son utilité jusqu'à ce que mon fils pleure (d'un pleur de « réveil ») à minuit, alors qu'il faisait ses nuits depuis belle lurette. Plutôt que de me lever, d'allumer les lumières, d'aller le voir, provoquant immanquablement un réveil total de l'enfant (par ailleurs content de me voir, double avantage, d'où danger), j'ai dit « Chuuuuuuut dodo » dans le babyphone. Il s'est rendormi direct ! Donc cela peut vous éviter « d'y aller » dans les occasions où il n'y a pas besoin (donc un peu plus tard dans sa vie, les trois premiers mois il n'y a pas de caprices).

Cf. Pense-bête Vacances ou Week-End (dans les Annexes), Réunions de famille, Sommeil

BAIN

Christine, sage-femme

Il faut choisir une baignoire à votre hauteur pour préserver votre dos.

Il y a deux solutions selon la place dont vous disposez dans votre salle de bain : soit vous achetez une baignoire sur tréteaux (vérifier bien la longueur du tuyau d'évacuation, faute de quoi vous inonderez votre salle de bain à chaque vidange), soit vous achetez une petite baignoire en plastique que vous posez sur votre baignoire à l'aide d'une clayette en bois (la solution « gain de place »). Si vous avez le dos solide (et que vous n'avez pas eu de césarienne), achetez un transat de bain, c'est encore ce qui prend le moins de place : vous le poserez au fond de votre baignoire.

Je vous déconseille le « tout en un », c'est à dire la table à langer avec la baignoire dedans : 1) il vous faut une salle de bain immense, et 2) il faut être contorsionniste pour ouvrir et fermer le couvercle de la table à langer en même temps que vous tenez votre bébé !

En hiver, mettez le pyjama, le body et le linge pour sécher le bébé sur le radiateur 30 minutes avant le bain : confort assuré en sortie de bain !

Ne lavez votre bébé avec du savon que tous les deux jours : il n'est pas sale et sa peau est sensible. En été, s'il fait trop chaud, baignez-le sans produit.

Et donnez-lui le bain quand vous voulez, quand vous êtes détendue mais **avant le repas**, et si possible pas mal avant, car il est plus facile de baigner un enfant calme qu'un hurleur mort de faim ! Par ailleurs, le bain le soir peut l'aider à mieux dormir, pensez-y.

Comment faire ?

(Cf. Matériel pour le bain dans les Annexes)

Maintenez la température de la pièce entre 22 et 24 °C.

Faites couler un bain à 38 °C : en effet, le temps de tout préparer, la température aura baissé à 37 °C, ce qui est idéal !

B

Déshabillez votre enfant, nettoyez-lui les fesses avant de le mettre dans l'eau.

Chez la fille, nettoyez délicatement la vulve du haut vers le bas en direction de l'anus afin d'éviter de mettre des selles dans le vagin. Chez le garçon, lavez simplement le pénis : le prépuce n'est pas décollé à la naissance. Il est dangereux de le décalotter. Dans 90 % des cas, cela se fera seul, sinon, voyez avec votre pédiatre, il vous montrera les gestes à faire.

Avant de mettre votre enfant dans l'eau, vérifiez la température avec votre coude, deux sécurités valent mieux qu'une !

Quand vous mettez votre bébé dans l'eau, assurez-vous que sa tête soit dans le creux de votre coude, vous tiendrez son épaule entre le pouce et l'index. Soyez attentive au fait qu'il n'ait pas de lumière directe dans les yeux !

Et pas d'inquiétude : lors des premiers bains, en général, un bébé pleure. Froid, nudité, changement de température et de milieu... Toujours est-il qu'il n'aime pas forcément ça. Ajoutez à cela la légitime appréhension que vous avez (de ne pas lui faire boire la tasse, de ne pas le faire tomber, de ne pas lui faire prendre froid...) et vous avez un cocktail détonnant peu conforme à l'image du « bain relaxation ». Là encore, prenez de l'aide et donnez les premiers bains avec quelqu'un.

Vous gagnerez ensuite en confiance et pourrez le faire seule... ou pas !

Lavez le visage sans savon, puis les cheveux, avec très peu de shampoing. Rincez avec de l'eau claire puis continuez sur le thorax, les bras, le dos puis les jambes et en dernier les fesses.

B

Pour la sortie du bain, voici un truc : soit vous avez une serviette « type papillon » qui se scratche derrière votre cou, soit vous calez une serviette sous votre menton et attrapez votre bébé dedans en repliant la serviette sur lui. C'est pratique si vous n'avez pas de table à langer dans votre salle de bains !

Après le bain, séchez bien les cheveux, les plis sous le menton (mettez votre main sous la tête de votre bébé en la basculant légèrement en arrière) puis les plis des bras et entre les jambes.

Remettez-lui rapidement son body, pour éviter qu'il n'attrape froid !

Si les fesses sont rouges, mettez-lui une crème grasse ou cicatrisante. Mettez la couche et faites le soin du cordon avant de fermer la couche.

Si le cordon n'est pas encore tombé, repliez la couche sous l'ombilic ce qui permettra qu'il sèche plus vite et qu'il n'y ait pas de frottements susceptibles de retarder la cicatrisation.

Magali, maman

Toute considération technique mise à part, je milite pour un bain tous les deux jours (sauf grande chaleur et à condition de bien laver le siège à chaque change et de vérifier les plis de la peau surtout en cas de régurgitations importantes).

Le bain quotidien n'est pas utile et peut se transformer en corvée. Sans compter que cela dessèche la peau des bébés. Donc contentez-vous d'un bain tous les deux jours, si c'est trois une fois ce ne sera pas grave et voilà. Mieux vaut passer du temps agréable que de faire parce qu'il faut faire, dans la précipitation et donc la tension.

Cf. Décalotter, Érythème, Matériel pour le bain (dans les Annexes), Régurgitations

B

Belle-mère (et autres considérations familiales)

Christine, sage-femme

Je conseille souvent aux parents, avant la naissance, de s'organiser autant que possible. Au moment de la naissance, le conjoint pourra-t-il prendre quelques jours ? Qui s'occupera de quoi ? Qui préviendra parents et amis de la naissance et comment ? Les parents et beaux-parents viendront-ils ? Combien de temps ? Où logeront-ils ? Que feront-ils pour aider ?

Ces réponses sont à trouver entre vous, mais pensez à favoriser votre nouveau noyau familial : vous, conjoint et bébé. Point. Pas tous vos frères et sœurs, cousins, neveux. Il sera toujours temps de fêter avec eux l'heureux événement, mais pas quand il s'agit de trouver ses marques. Et si vous acceptez d'héberger, pensez à demander de l'aide. Vous ne pouvez pas accoucher, vous occuper de bébé et mettre les petits plats dans les grands pour faire plaisir à belle-maman !

Par ailleurs, soyez attentive à la fréquence et à la durée des visites, y compris à la maternité. Les visiteurs qui « tiennent salon » toute la journée, c'est fatiguant et intrusif. Il faut savoir dire « stop » et vous faire assister par le personnel soignant ou votre conjoint dans ce mécanisme de défense indispensable. Certaines maternités disposent même de panneaux à placer sur la porte pour interdire ou limiter les visites. Pensez-y.

Magali, maman

Certaines d'entre nous auraient sans doute beaucoup à dire. Comme me le disait Christine avant la naissance de mon premier enfant, on peut comparer une famille qui voit l'arrivée d'un enfant à un mobile auquel on rajouterait un élément : la première chose qui se passe, c'est que tout se déséquilibre ! Ça bouge, ça secoue ! Et puis les choses prennent leur nouvelle place, et tout se calme.

Les grands parents, s'ils font aussi leurs premiers pas, vont être secoués par l'arrivée du bébé. Votre couple. Le chat.

C'est normal !

Ah, et autre chose. Un ami m'a expliqué un jour que le fait que votre belle-mère (et toute la famille d'en face d'ailleurs) trouve que votre bébé « On dirait son fils au même âge » (ce qui vous fait sauter au plafond), eh bien, c'est normal. C'est une preuve de paternité (en ce qui vous concerne, on sait que vous êtes la mère, mais pour lui, ce n'est pas évident !). Donc inutile de rétorquer que « pas du tout, c'est vous tout craché, la preuve », et de lui sortir tout votre album de naissance. Ça ne marchera pas. Laissez-lui prouver la paternité de son bébé à elle. Et gardez vos exigences sur d'autres sujets !

Cf. Réunions de famille

Biberon

Christine, sage-femme

Il y a plusieurs sortes de biberon dans le commerce. Malgré la tentation « d'avoir tout préparé pour l'arrivée de bébé », il est important d'en acheter un que vous essayerez à la maternité pour voir s'il est adapté à la bouche du bébé et à sa capacité de succion. J'ai souvent vu des mamans acheter des « super-biberons » qui s'avèrent inadaptés et devoir en racheter.

Une fois le choix fait, il vous en faudra idéalement six (on peut en avoir un seul, ou deux ou trois, mais avec six, vous êtes tranquilles : biberons sales qui attendent, biberons dans le lave-vaisselle, biberons prêts dans le sac à langer...).

Si vous allaitez au sein, ayez tout de même un biberon, pratique pour donner de l'eau (lors de fortes chaleurs par exemple) et des tisanes en cas de maux de ventre.

Comment donner le biberon ? Soyez confortablement assise, les pieds touchant le sol (cela évite les problèmes de nerf sciatique), les deux épaules bien appuyées sur le dossier du fauteuil. Le bébé est tenu au creux de votre coude.

Tenez le biberon incliné pour garder le goulot plein de lait et éviter que le bébé n'avale de l'air. Il est important de faire une ou deux pauses quand il boit, surtout les premiers mois (cela permettrait d'éviter les coliques... enfin... en théorie).

Débit de la tétine

Lorsque le biberon est renversé, le lait ne s'écoule que très lentement, la tétine laisse passer un peu moins d'une goutte à la seconde. Il existe des tétines à débit variable (bien faire attention à ne pas se tromper) et des tétines à débit fixe (bien penser à changer de tétine au fur et à mesure que l'enfant grandit ! Les indications des fabricants sont très claires).

Préparation des biberons

Il faut lire les instructions sur la boîte pour déterminer la quantité à préparer. Pensez bien à utiliser la cuillère fournie par le fabricant, et à mettre les mesures de poudre au ras de la cuillère.

Il faut également bien mélanger ! Pour cela, une technique : roulez le biberon entre vos mains, comme si vous vouliez en faire un boudin plus fin. Cela évite les grumeaux bien plus efficacement que la technique du « shaker » (de haut en bas), inopérante.

Pour faciliter le dosage, il existe des boîtes à compartiments commodes comme tout : on y met la dose requise pour un biberon (certaines boîtes ont jusqu'à six compartiments) et on remplit le biberon avec l'eau seulement. Le mélange est fait au moment de la tétée. À deux heures du matin, c'est bien pratique de ne pas avoir à compter le nombre de cuillères (et se tromper, bien sûr !).

Règle d'or

Le lait est un milieu idéal à la prolifération des bactéries, il est donc important de laver soigneusement tout le matériel utilisé pour la préparation des biberons.

Vous pouvez laver vos biberons à la machine à laver, mais pas les tétines. Un lavage soigneux est suffisant (munissez-vous d'un goupillon), mais certaines personnes préfèrent stériliser les biberons. On ne rappellera jamais assez la règle : on stérilise des biberons PROPRES (oui, ça a l'air évident, mais si vous saviez ce qu'on voit quand on visite les mamans…).

Pour la stérilisation, en fonction de vos moyens, de la place et de l'équipement que vous avez, vous pourrez utiliser de l'eau bouillante, des pastilles, un stérilisateur ou un stérilisateur à micro-ondes.

Quelle eau pour préparer le biberon ?

En ce qui concerne l'eau à utiliser, vous pouvez soit prendre de l'eau bouillie et refroidie, soit de l'eau en bouteille (pas trop minéralisée), soit l'eau du robinet, au choix.

Pour l'eau minérale en bouteille, gardez-la à l'usage exclusif de l'enfant et achetez de préférence des petites bouteilles afin qu'elles ne restent pas entamées à température ambiante pendant des jours…

Ne réchauffez pas un biberon que votre bébé n'a pas terminé. Le lait maternisé ne se congèle pas, contrairement au lait maternel.

Magali, maman

Un truc de Maman qui va certainement en faire sauter certaines au plafond mais qui m'a été bien utile : une de mes amies, mère d'une fratrie de trois, m'a dit un jour : « Le biberon, tu essayes avec de l'eau à température ambiante et tu ne le chauffes pas. Si ton bébé le boit, c'est gagné, pas de chauffe-biberon à gérer. » J'ai essayé, sans problème. Un jour même, ayant sorti un biberon du réfrigérateur (avec mon lait amoureusement extrait le matin même) et l'ayant emmené directement, j'ai oublié que nous étions en février. Deux heures plus tard, bébé a eu faim, et le biberon devait toujours être à 5 °C. Eh bien, il l'a bu.

Cf. Lait

Bouillotte

Christine, sage-femme

Pensez, surtout en hiver et particulièrement dans une chambre fraîche et aérée, à mettre une bouillotte dans son lit avant de le coucher. Cela lui permet de retrouver une douce chaleur propice à l'endormissement, surtout après le repas de la nuit !

Pour éviter les « vraies » bouillottes, qui risquent de fuir, préférez des coussins en noyaux de cerise ou équivalent qui passent au four ou même au micro-ondes. C'est très pratique !

C

A
B
C
D
E
F
G
H
I
J
K
L
M
N
O
P
Q
R
S
T
U
V
W
X
Y
Z

Câlins
Calme
Césarienne
Chambre
Change
Chat et Chien
Chute de cheveux
Cloque (sur la lèvre)
Coliques
Confiance
Conjoint
Conjonctivite
Constipation (de la maman)
Constipation (de bébé)
Cordon ombilical
Couche-culotte
Crevasses
Croûtes de lait

C

Câlins

Christine, sage-femme

Impossible de lui donner trop de câlins !

Pendant neuf mois il était à l'intérieur de vous, en contact avec le liquide amniotique, les bruits de votre cœur et de votre digestion. Il a besoin d'être entouré pendant les trois premiers mois.

Un bébé entouré est un bébé rassuré, donc un bébé (plus) calme.

Petite précision : si bébé dort tranquillement, même si vous avez une irrépressible envie de câlins (vous, ou Conjoint ou autre !), soyez sympa et respectez son sommeil.

Magali, maman

« Il pleure pour avoir les bras. » C'est une phrase que je trouve exaspérante voire déplacée, car on prête au bébé (parfois âgé de quelques jours seulement) des intentions particulièrement matures (et nuisibles) pour un enfant aussi jeune !

Il ne faut pas avoir beaucoup travaillé la question pour s'en convaincre : un bébé a passé neuf mois au chaud au plus près de sa maman. Il a besoin, dans ses premières semaines de vie, de chaleur, d'odeurs. Cela le calme. Alors, oui, on va l'habituer progressivement à passer du temps ailleurs, pour lui, pour soi, mais on va aussi le garder près de nous, car il en a besoin et… nous, on en a envie !

C'est légitime ! On a besoin tous les deux d'assurer la transition entre la fusion de la grossesse et l'autonomie. Cela peut bien prendre un peu de temps sans que personne n'y voie un bébé capricieux ou une mère « ventouse » !

Mais comme l'excès en tout est un défaut, il faut assumer de le prendre quand on en a envie, certes, puis se forcer par la suite à le laisser, à d'autres, tout seul, petit à petit...

Rappelons à ce stade que c'est aussi au conjoint de prendre de la place, de pousser la maman à lâcher un peu son « extension » !

Cf. Conjoint, Réunions de famille

CALME

Christine, sage-femme

Pour votre bébé, le « soir » commence à partir de 17-18 heures.

À compter de ce moment, il aura besoin d'une diminution de la lumière, d'éviter les stimulations telles que la télévision ou les jouets de type mobiles. On se prépare à entrer dans la nuit !

Magali, maman

Je le dis, je le répète : je ne sais pas si les gens calmes font forcément des bébés calmes, mais une chose est sûre, les énervés n'ont pas de bébés paisibles ! Alors faites les choses tranquillement et ça devrait (bien ou mieux) se passer !

Cf. Angoisses vespérales, Confiance, Dormir (ou non) avec Bébé, Sommeil

C

Césarienne

Christine, sage-femme

C'est une opération lourde, même si elle est très bien maîtrisée, et il faut du temps pour que la cicatrisation soit totale. D'ailleurs, une césarienne est souvent suivie d'une autre lors d'une future grossesse, pour ne pas prendre de risques avec la résistance de la cicatrice.

Afin de favoriser une bonne cicatrisation, pendant six semaines, faites attention à :

- Ne pas prendre de bain.
- Ne pas porter plus de 3,5 kg de charge. Si vous avez un enfant plus âgé, apprenez-lui à venir sur vos genoux mais ne le prenez pas si vous pouvez l'éviter.
- Ne pas pousser votre poussette en montée.
- Ne pas faire de gymnastique ou d'exercices abdominaux.

L'insensibilité autour de la cicatrice est fréquente, car des terminaisons nerveuses ont été coupées. Cette zone peut prendre plusieurs mois pour redevenir sensible.

Vous pouvez appliquer soigneusement une crème cicatrisante (demandez conseil à votre médecin) en massant bien pour favoriser la circulation sanguine.

Cf. Épisiotomie, Lochies

Chambre

Christine, sage-femme

Voici quelques grandes considérations sur la chambre de bébé.

Idéalement, la chambre de votre enfant devrait être à une température de 22-24 °C le jour, 18-19 °C la nuit.

L'humidité de la pièce doit être comprise entre 30 et 50 %. Si vous utilisez un humidificateur, nettoyez-le selon les directives du fabricant, c'est important, car un milieu chaud et humide est vecteur de prolifération bactérienne. Sinon, un verre d'eau sur un radiateur fait assez bien l'affaire, à condition de changer l'eau tous les jours.

Les mobiles sont des jouets d'éveil : idéalement, mettez-les au-dessus de la table à langer plutôt qu'au-dessus du lit (où le but est de dormir). Cela permettra de capter l'attention du bébé et il restera plus tranquille au moment du change.

Évitez si possible les tapis et les moquettes qui absorbent la poussière.

Si vous le pouvez, installez dans la chambre une lumière tamisée ou à variateur à proximité de la table à langer. Lorsque vous irez lui donner ses repas de nuit, n'allumez que cette lumière : vous lui apprendrez ainsi la différence entre le jour et la nuit, qu'il ne fait pas encore !

Magali, maman

Je ne suis pas sûre d'être d'accord sur les histoires de température... Les bébés ne sont pas des poules de batterie ou des poissons tropicaux. La température de la chambre, c'est un ordre de grandeur. Le principe, un peu plus chaud la journée que la nuit, car on est en meilleure santé si on dort dans une chambre fraîche et aérée que surchauffée... Voilà. J'ai vu tellement de gens prendre les informations au pied de la lettre et ne pas savoir comment faire en plein été quand il fait 30 °C sous prétexte que la chambre doit être à 24 ! Donc soyons pratiques : froid, on couvre ; chaud, on découvre ; on ne surchauffe pas une pièce, on l'aère et tout va bien.

Cf. Babyphone, Mobile, Lit

Change

Christine, sage-femme

En gros, le change, c'est à tous les repas, et plus lorsqu'il y a des selles en dehors de ces derniers.

Pour éviter l'enfant qui hurle de faim et qui gigote tel un asticot au moment du change, la meilleure technique est de commencer par lui donner à téter, selon votre mode d'allaitement, un sein ou la moitié du biberon, puis d'aller le changer.

D'abord, cela fait une pause, propice au rot et qui aurait des vertus contre les coliques. Ensuite, ça permet, de temps en temps, que le « gros » (le caca donc) soit sorti, ce qui vous évite de changer la couche deux fois à cinq minutes d'intervalle – généralement quand vous venez de vous coltiner le boutonnage de l'intégralité des boutons pressions du body.

Et puis surtout, s'il prenait à votre enfant l'envie de dormir, cela permet de le réveiller et d'éviter qu'il ne s'endorme après n'avoir absorbé qu'un demi-repas. Une fois le change fait, il pourra tranquillement manger l'autre moitié du biberon ou le contenu de l'autre sein, avec cette fois le droit de s'endormir en fin de repas !

Magali, maman

Juste une chose : je ne suis pas tellement convaincue qu'un enfant soit dérangé par des couches pleines de pipi. Comme me le disait une sage-femme, « quand il fera ses nuits, je doute que vous alliez le réveiller pour le changer ». Tellement vrai ! Ceci étant, on change régulièrement la couche au cours de la journée pour vérifier que son enfant urine (notamment en cas de maladie), et pour éviter la macération et le débordement (même les meilleures couches ont leurs limites !). Par ailleurs, le « rituel change » permet souvent de régler un problème non diagnostiqué (type rot, ou inconfort quelconque...) et peut donc faire miraculeusement arrêter les pleurs (ce qui fait dire aux mamans qu'« il aime être propre » !).

Cf. Couche-culotte

Chat et chien

Christine, sage-femme

Avant de revenir à la maison avec votre bébé, prenez une couche sale de votre enfant et faites-la sentir à votre animal. C'est un truc de dresseur qui permet à l'animal d'associer votre odeur, qu'il connaît, à celle de l'enfant, qu'il ne connaît pas encore. Cela favoriserait une meilleure relation entre votre animal et votre enfant. N'oubliez pas de le caresser et de vous en occuper (le plus possible) comme avant.

Magali, maman

J'ai toujours interdit à mon chien d'aller seul dans la chambre des enfants et j'ai toujours interdit aux enfants de l'approcher quand il dort ou quand il mange. Et faites attention aux chats : ils adorent les endroits chauds, le lit du bébé est donc un lieu très convoité. Soyez vigilants et fermez la porte de la chambre de bébé pour empêcher le chat d'entrer !

CHUTE DE CHEVEUX

Christine, sage-femme

Chez la Maman

Cela peut survenir dans les mois qui suivent l'accouchement. Pas de panique, je n'ai jamais vu aucune femme devenir chauve !

La perte de cheveux est liée aux changements hormonaux, au manque de fer, à la fatigue. Vous trouverez des complexes ad hoc pour y remédier, faites simplement attention à ce qu'ils soient compatibles avec l'allaitement au sein si vous avez fait ce choix.

Karen

Chez le bébé

Certains bébés perdent leurs cheveux durant les premières semaines. C'est normal et comme ceux de Maman, ils vont repousser (et pas forcément de la même couleur !). Un bébé ayant toujours, les premiers mois, la tête appuyée sur quelque chose (matelas, poussette, bras de Maman...), il peut lui manquer des cheveux à certains endroits de son crâne. Pas d'inquiétude, cela va repousser d'autant plus qu'il tiendra sa tête de mieux en mieux sans avoir besoin de l'appuyer quelque part.

Cloque (sur la lèvre)

Christine, sage-femme

Une ampoule peut apparaître sur la lèvre de votre enfant. Elle est due au frottement de sa lèvre contre votre sein ou contre la tétine du biberon lors de l'allaitement. C'est normal et il ne faut surtout pas la percer. Elle n'est pas douloureuse.

Coliques

Christine, sage-femme

Théorie

Les coliques sont une manifestation de l'adaptation (pas toujours facile) de l'enfant à son environnement. Elles sont liées à sa sensibilité nerveuse et digestive. Elles apparaissent vers l'âge de 3 semaines et disparaissent à 3 mois.

Le bébé peut pleurer plusieurs heures, surtout en fin de journée.

Comment les reconnaître ?

Votre bébé pleure fort, son visage est rouge, ses poings sont fermés, il bouge ses bras de son ventre à son visage, ses jambes bougent comme s'il pédalait. Son ventre est tendu et il a des gaz. Il est difficilement consolable et vous êtes sûre qu'il n'a pas faim.

Les coliques sont très fréquentes mais certains enfants y sont plus sensibles que d'autres. Elles ne sont pas liées au mode d'alimentation : si vous allaitez au sein, n'arrêtez pas, les enfants nourris au biberon en ont aussi. Si vous allaitez au biberon, ne culpabilisez pas, les enfants nourris au sein en ont aussi !

Règle d'or

S'il existait une solution radicale au problème des coliques, vous le sauriez (et moi avec !).

Dans cette problématique, il y a des facteurs objectifs, comme l'immaturité du système digestif et d'autres subjectifs, car les coliques seraient aggravées par le stress. On ne peut que tenter d'agir sur les critères subjectifs. Pour le reste, il faut patienter : ça s'arrête à trois mois.

Ce que je vous propose de faire peut vous permettre de soulager bébé mais aussi, il faut être honnête, de vous occuper le temps de patienter, car il n'y a rien de pire que de subir quelque chose (surtout quand c'est aussi déplaisant que des coliques qui font beaucoup pleurer bébé) sans rien faire. Cela paraît cynique ? Mais pas du tout ! C'est très important de ne pas aggraver une situation déjà stressante !

- Occupez-vous de votre bébé dans un endroit calme et sans stimuli (télévision, lumière forte, foule, bruit conséquent…).

- Si vous savez qu'il a bien mangé, ne le nourrissez pas : autant il faut nourrir à la demande, autant s'il y a inconfort, convient-il de ne pas emballer le système digestif en le surchargeant.
- Tenez-le contre vous (votre odeur et votre chaleur ont des effets apaisants) et donnez-lui plutôt de l'eau ou des tisanes (fenouil ou verveine – environ 20-30 ml).
- Donnez-lui sa sucette ou votre doigt pour qu'il s'apaise sans manger.
- De manière générale, si votre bébé a pris l'habitude de manger vite, faites-lui faire une pause après les cinq premières minutes de tétée et essayez de lui faire faire son rot. Prenez également l'habitude de bien lui faire faire ses rots.
- Dans le même ordre d'idée (évacuer les gaz et redonner du confort intestinal) vous pouvez aussi :
  - le faire pédaler en lui tenant gentiment les jambes alors qu'il se trouve sur le dos
  - toujours sur le dos, lui maintenir doucement les genoux contre le ventre
  - lui masser le ventre avec la paume de votre main en tournant dans le sens des aiguilles d'une montre
  - marcher – parfois longtemps... – avec le bébé allongé sur votre avant-bras, votre main soutenant son estomac, sa joue au creux de votre coude, en assurant son confort et sa sécurité avec votre deuxième bras

De votre côté, observez, si vous allaitez au sein, si certains aliments que vous ingérez pourraient augmenter les coliques (le plus simple est de noter vos menus et de noter en regard les moments d'inconfort de bébé) et évitez-les les trois premiers mois. Mais sachez-le, ce n'est pas facile à déterminer !

Certaines préparations pharmaceutiques pourraient être une aide : parlez-en avec votre pharmacien ou votre pédiatre.

Bref, comme pour les angoisses vespérales, prenez le temps de consoler, de calmer, d'entourer.

Passez le relais si vous n'en pouvez plus et si quelqu'un peut prendre la relève. Si ce n'est pas le cas, sortez avec la poussette, il y a des chances qu'il finisse par s'endormir !

Ne secouez jamais votre bébé. Vous pourriez lui causer des lésions permanentes au cerveau ou même pire.

Si votre enfant vous inquiète, faites-le examiner par votre pédiatre. Il verra si les pleurs répétés sont un problème de santé autre que celui-là.

Cf. Angoisses vespérales, Calme, Confiance, Lactation, Pleurs

Confiance

Christine, sage-femme

Il n'y a pas de secret, les premières semaines tous vos points de repère disparaissent.

Chaque jour est un jour nouveau, rien n'est fixe. Quand il vous semble que vous avez enfin compris, le jour suivant tout s'écroule !

Pas de panique ! Vous allez apprivoiser votre enfant comme lui va vous apprivoiser. « On ne connaît que les choses que l'on apprivoise », dit le renard au Petit Prince de Saint-Exupéry. Après quelques semaines, vous découvrirez, comme par enchantement, qu'un pleur veut dire « j'ai faim », un autre « j'ai sommeil »… et que vous le comprenez !

Une chose encore : pour gagner en confiance, il faut être bien entourée. Ne voyez que des gens qui vous font du bien et éloignez la copine qui vous complexe parce qu'elle fait tout mieux que vous depuis qu'elle a 12 ans, la belle-maman intrusive qui vous dit de faire comme elle faisait (il y a vingt-cinq ou trente ans !), etc.

Magali, maman

Lorsque je suis rentrée à la maison, j'ai paniqué. Plus de lait, un bébé qui pleurait tout le temps **(et pour cause, il avait faim)** et moi incapable de changer une couche avec ce marmot qui gigotait sans cesse **(et pour cause, il avait faim)**. Comment faire dix fois par jour un truc que je n'arrivais pas à faire du tout ? J'ai dit à mon mari : « Les enfants, c'est pas pour moi, je sais faire plein d'autres choses mais ça, c'est au-dessus de mes forces, on va le donner. »

Heureusement, mon mari ne m'écoute pas toujours. Un biberon de lait en poudre plus tard, une fois sa faim apaisée, bébé dormait, les fesses dûment changées et tout était rentré dans l'ordre.

Le mot d'ordre : « Ayez confiance » ! Cela sonne comme un slogan politique mais il faut se le répéter tel un mantra. Ça marche… !

Autre chose : faites aussi confiance à votre enfant. Il sait quand il a faim, pas de risque qu'il se laisse mourir, alors, surtout les premiers temps, ne vous « prenez pas la tête » sur les rythmes. Toute l'humanité ou presque mange trois fois par jour quand elle le peut et dort la nuit.

Donc votre bébé va finir par y arriver ! Ceci est d'autant plus vrai que vous lui fournirez de quoi manger selon son besoin (qu'il connaît, pardon de le dire, mieux que vous) et un environnement sain et calme pour dormir, grandir et découvrir le monde.

Cf. Calme, Rythme

Conjoint

Christine, sage-femme

Il y a quelques points cruciaux que j'aimerais partager avec les Conjoints. Il est rare qu'ils lisent les ouvrages recommandés par la future Maman. Inutile de vous énerver, c'est ainsi !

Comme il semble plus utile d'en savoir un peu que de tout ignorer, nous avons préparé avec Magali un « Message à l'attention du Papa » qui est à détacher à la fin du Guide et à transmettre à votre moitié… collé sur le réfrigérateur, punaisé sur la porte des toilettes, scotché sur son écran d'ordinateur… à vous de choisir ! Ce sera toujours mieux que rien !

Magali, maman

Je ne vais pas vous faire le film, mais un enfant, ça se fait en principe à deux, et si on est deux pour l'élever, eh bien c'est mieux. Certaines n'ont pas cette chance… Mais pour celles qui l'ont : comptez sur l'autre, exprimez vos besoins, parlez-lui calmement et si possible pas précisément au moment où vous en avez besoin, car c'est à ce moment-là qu'on est le moins prête à entendre « Pas maintenant ! » ou « Mais comment fait-on ? » ou « Sûrement pas ! ».

Et puis laissez-le faire. OK, toute personne travaillant avec des enfants est capable de vous dire si ce matin, c'est Maman ou Papa qui a habillé Bébé. Ce sera peut-être moche ou pas toujours approprié. Mais si c'est toujours vous qui faites, ou si vous reprochez toujours à l'autre de faire « pas comme il faut », il ne fera rien ou il y a des chances qu'il finisse par s'abstenir. Pensez-y !

Cf. Calme, Confiance, Fatigue

Conjonctivite

Christine, sage-femme

Cette infection de l'œil, la plupart du temps d'origine virale ou bactérienne, est souvent liée à un rhume ou une otite et généralement très contagieuse.

Que faire ?

Vérifiez si le nez n'est pas bouché. Si c'est le cas, débouchez-le avec un mouche-bébé (cf. Mouche-bébé).

Enlevez les sécrétions accumulées au coin des yeux avec un coton démaquillant imbibé de sérum physiologique ou de thé noir (à préparer avec de l'eau bouillante et à utiliser tiède ou froid).

Il faut bien les retirer de l'intérieur vers l'extérieur en ne repassant pas deux fois avec le coton souillé ! Pliez-le afin d'utiliser une partie propre ou changez-le !

Si vous allaitez, nettoyez ensuite avec un coton imbibé de votre lait (si, si).

Sinon, utilisez du sérum physiologique.

Si les yeux sont fermés par du pus jaune qui forme des fils (comme de la fondue) et que la paupière est enflée, consultez sans tarder.

Cf. Mouche-bébé, Rhume, Sérum physiologique

Constipation (de la maman)

Christine, sage-femme

Mangez des fruits et des légumes chaque jour et buvez au moins 1,5 litre de liquide en évitant les boissons gazeuses, le thé et le café.

Marchez pendant la journée pour stimuler vos intestins.

Vous pouvez, le matin à jeun, selon vos goûts, manger un pruneau séché, manger deux kiwis ou mettre une cuillère d'huile d'olive dans un jus d'orange (oui, en même temps c'est un remède, pas forcément une partie de plaisir !).

C

Constipation (de bébé)

Christine, sage-femme

Si votre bébé est au sein, on parle de constipation s'il n'a pas eu de selles pendant environ cinq à sept jours. Pour un enfant qui s'alimente au biberon, la durée est d'environ trois jours.

Dans les deux cas, vous pouvez lui donner **une seule fois** par jour 1/3 de biberon d'eau fortement minéralisée (dans le commerce de détail habituel, favorisez les eaux riches en magnésium) et 2/3 d'eau normale avec de la tisane de fenouil ou de verveine (s'il est au sein), ou du lait en poudre.

Pensez à lui masser le ventre, doucement, dans le sens des aiguilles d'une montre.

Si vous allaitez au sein, pensez à manger et à boire des aliments favorisant également le transit (soupe de courge, kiwis, jus d'orange...).

Si rien ne se passe, allez voir votre pédiatre, surtout si votre bébé vous semble « inconfortable » (pleure, se tortille, à l'air d'avoir mal...).

Cordon ombilical

Christine, sage-femme

Il peut tomber entre le 10e et le 15e jour, mais certains mettent jusqu'à un mois.

Désinfectez deux fois par jour, avec un coton-tige imbibé d'alcool ou équivalent, la base du cordon ainsi que le cordon lui-même.

Si votre garçon fait pipi dessus, désinfectez-le bien également !

Si vous sentez une odeur déplaisante provenant du cordon, ou si un liquide jaune-vert apparaît, consultez votre pédiatre ou votre sage-femme.

Si quelques gouttes de sang apparaissent sur la couche de votre enfant ou sur son body, pas d'inquiétude. C'est souvent le signe que le cordon va bientôt tomber.

Si bébé pleure durant les soins, ce n'est pas parce que c'est douloureux : le cordon est insensible. S'il pleure, c'est plus vraisemblablement lié à sa nudité et au fait que l'alcool utilisé lui donne une sensation de froid !

Lorsqu'il est tombé, une croûte se forme : tamponnez-la d'alcool pendant deux jours (pas plus), **mais ne l'enlevez pas**.

Cf. Bain

Couche-culotte

Christine, sage-femme

Je n'ai pas à vous conseiller une marque plutôt qu'une autre mais vous verrez assez vite par vous-même.

Certaines sont bon marché mais ne tiendront pas la nuit et vous devrez laver le pyjama, le body, les draps…

Achetez toujours la taille exacte en fonction du poids de votre bébé, en suivant les indications sur le paquet.

Couches jetables ou pas ?
Les couches jetables sont certainement plus chères et moins écologiques mais elles sont plus pratiques et vous vous épargnez un nombre incroyable de machines à laver.

En moyenne, il vous faudra huit à dix couches par jour dans les premiers temps. Après, on réduit les changes car ils suivent en gros le nombre de repas.

Dans les premiers temps, lorsque votre bébé porte encore des couches toutes petites (taille 1 ou nouveau-né), prévoyez-en suffisamment, surtout les week-ends, pour ne pas avoir à courir à la pharmacie de garde à l'autre bout de la ville, car on ne les trouve pas facilement dans le commerce « d'urgence » ! Et les grandes couches sur un petit bébé, ce n'est pas très efficace…

Cf. Change

Crevasses

Christine, sage-femme

Ce sont des plaies du mamelon. Elles peuvent apparaître si votre bébé n'est pas bien positionné sur votre sein, ou si vous interrompez la tétée sans « décoller » votre enfant (introduire votre doigt dans sa bouche pour l'arrêter et éviter ainsi un « suçon » sur votre mamelon). Elles se soignent en protégeant votre mamelon (à l'aide d'une téterelle par exemple, sorte de mamelon en silicone dont on coiffe son propre mamelon, cf. Tétées) et en apposant une crème cicatrisante sur le mamelon entre deux tétées (pensez à laisser le sein un peu à l'air libre, cela accélère la cicatrisation). Si besoin est, alternez les tétées au sein par des tétées au biberon (cf. Tire-lait) pour vous soulager.

Si vous avez des crevasses, faites particulièrement attention à l'hygiène des mains. Des germes dans des crevasses peuvent entraîner une mastite (infection du sein).

Cf. Mamelons, Tétées, Tire-lait

Croûtes de lait

Christine, sage-femme

Des croûtes jaunâtres apparaissent sur le cuir chevelu de bébé. Elles sont en forme d'écailles ou de petites plaques qui pèlent.

Elles sont dues à un excès de sécrétions de sébum (de gras en somme).

Pour les éviter, il faut rincer les cheveux de bébé après le shampoing avec de l'eau claire et non avec l'eau savonneuse du bain.

Que faire quand elles sont là ?
Un simple shampoing suffit parfois.

Si les croûtes persistent, il faut les enduire d'huile d'amande douce. Après quelques heures, vous pouvez utiliser un peigne fin pour les décoller avec douceur. Refaites ensuite un shampoing à l'eau tiède.

Recommencez le traitement si les résultats ne sont pas satisfaisants et si vous ne constatez aucun changement, parlez-en au pédiatre.

Vous pouvez également trouver des solutions spécifiques dans le commerce.

D

Décalotter

Christine, sage-femme

Mamans, s'il vous plaît, n'essayez pas de décalotter votre bébé garçon. Le pédiatre vous dira quoi faire, comment et quand !

Cf. Bain

Dents de bébé

Christine, sage-femme

Les premières dents du bébé se forment en grande partie pendant la grossesse. C'est une des raisons pour laquelle la mère doit bien s'alimenter.

À la naissance, les vingt dents primaires sont quasi formées et calcifiées sous les gencives.

Sachez aussi que l'alimentation du bébé influencera grandement la formation de ses trente-deux dents définitives.

Règle d'or

Le brossage peut commencer à partir de la première dent, mais avec un dentifrice adapté à l'âge de votre enfant (évitez les dentifrices très aromatisés, les enfants ont tendance à les trouver bons et à les avaler, ce qui n'est pas recommandé).

La première visite chez le dentiste est conseillée dès la deuxième année pour vérifier la santé des dents.

Pour éviter les caries, ne laissez pas votre enfant avec un biberon de lait, de jus de fruit ou de boisson sucrée en dehors des repas : il lui faut uniquement de l'eau !

Conseils

On voit sortir les premières dents à environ 6 mois.

Avant de les voir pointer, il y a souvent (mais pas toujours !) des signes précurseurs : joues rouges, fesses irritées voire saignantes (apparemment, l'émergence des dents modifie la constitution des selles et les rend plus acides donc plus agressives), hypersalivation (beaucoup de bave, quoi), mais aussi nez qui coule, voire fièvre.

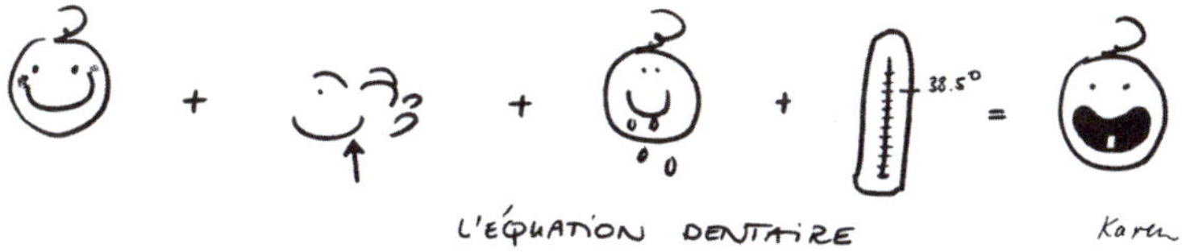

Les anneaux dentaires en plastique mou, stockés ou non au froid, font du bien. Mais si vous n'en avez pas, pas d'inquiétude, une cuillère est assez efficace.

Si bébé est « de mauvais poil », pleurnichard et grincheux, l'homéopathie (granules, suppositoires ou gels gingivaux) fait généralement bien l'affaire.

En cas de fièvre, utilisez un antalgique prescrit par le pédiatre.

Les signes disparaissent comme par enchantement lorsque la dent perce !

Magali, maman

Comme pour le reste, il y a de grandes tendances mais pas de règle absolue. Ma fille est née avec une dent, comme Napoléon, n'a jamais bavé ni eu les joues rouges mais faisait un petit 38,5 °C (précisément !) pour chaque dent. Mon fils, tout au contraire, les a eues autour des 6 mois, en faisant joues rouges, bave et nez qui coule, mais jamais un degré de température.

Cf. Fièvre

D

Dents de maman

Christine, sage-femme

Comme pour les cheveux, la grossesse et ses changements hormonaux peuvent avoir des incidences sur les dents. Les cas de gingivite (inflammation de la gencive – peut être douloureuse) sont fréquents. Ils peuvent même survenir après l'accouchement. Pas d'inquiétude à avoir : faites des bains de bouche calmants (surtout pas agressifs) en demandant conseil à votre pharmacien. Ce désagrément sera normalement vite passé !

Dépression post-partum

Magali, maman

Pas question ici de se lancer dans la théorie de la dépression. Vous trouverez certainement plus d'informations sur le sujet ailleurs, dans des ouvrages spécialisés ou chez des professionnels.

Mais on a beau en parler, on passe souvent à côté et c'est dommage puisqu'apparemment des études récentes disent qu'on peut retrouver un épisode de dépression post-partum chez bon nombre de mères présentant des enfants avec troubles du sommeil ou de l'alimentation.

J'ai eu des amies concernées. Et plus j'y pense, plus je me dis que c'est peut-être plus fréquent qu'on ne le pense, mais que cela passe souvent inaperçu.

Les symptômes sont variables : tristesse, abattement, ou/mais aussi inquiétude exagérée et angoisse que son enfant aille mal. Évidemment, c'est difficile à déterminer parce qu'une inquiétude exagérée, c'est par rapport à quelle norme nom de nom et que la peur que son enfant aille mal est tout de même légitime ?

Alors que fait-on ? Eh bien on est vigilante. On garde cette possibilité de dépression post-partum dans un coin de sa tête. Et si on consulte à tout va pour son enfant et que le médecin ne lui trouve rien de grave, si on ne se débarrasse pas de sa peur, si on est durablement confrontée à des problèmes de sommeil ou d'alimentation, on se pose la question pour soi.

C'est normal, ce n'est pas qu'on est en échec, c'est que cela arrive et qu'on ne voudrait pas ensuite traîner des casseroles qui y sont liées. Et qui sont autrement pénalisantes que d'aller voir un spécialiste quelque temps pour poser ses valises et ses soucis.

Cf. Baby blues

Diversification alimentaire

Christine, sage-femme

Je laisse Magali vous conter son expérience, car ses enfants mangent très bien !

Mais voici ce qu'il faut garder en tête :

- Il convient de ne pas commencer la diversification en même temps que l'introduction du biberon si vous allaitez au sein ou en même temps que votre retour au travail (voire pire tout en même temps !). Trop de changement génère du stress et le stress complique tout !
- Commencez-la quand vous avez du temps. C'est un nouvel apprentissage (la cuillère, les nouvelles textures, les nouveaux goûts…) qui requiert de la patience et qui n'est pas « gagné » dès la première cuillère ! Par ailleurs, il faut y

associer la notion de plaisir, et ce n'est pas quand on est pressée qu'on y arrive !

- Selon les principes habituels, restez sereine sur les quantités : votre bébé peut avoir plus ou moins faim selon les repas et aimer plus ou moins certains aliments. Il est encore un peu tôt pour faire de l'éducation « pure et dure » : ne forcez pas !

Magali, maman

Un grand moment, que j'ai trouvé passionnant, et qui se situe, selon les bébés, les mères et les médecins, entre 4 et 6 mois.

Personnellement, j'ai préféré attendre 6 mois révolus, parce qu'avant je trouvais ça trop jeune et petit. Et à 6 mois, ils savent s'asseoir, donc cela me semblait plus « naturel » de donner à manger à un enfant tenant assis tout seul dans une chaise haute.

Sans compter que c'est autour de 6 mois que la première dent va percer !

Le principe, c'est l'introduction progressive de fruits, de légumes, de féculents puis de protéines animales et végétales.

Votre pédiatre vous donnera certainement un « plan de diversification ».

Les grands axes des plans généralement sont :

1) Introduction d'un aliment après l'autre avec des phases d'observation de plusieurs jours pour détecter les allergies. Cela est surtout vrai pour les fruits, qui sont les plus allergènes.

2) On remplace le biberon par les aliments solides (réduits en purée) sur le principe des vases communicants. Si je donnais un biberon de 180 ml, je donne d'abord 60 ml de purée puis 120 de lait jusqu'à avoir remplacé le biberon totalement (sur plusieurs jours, selon le rythme d'adaptation de votre enfant).

Conseils et avis

1) Tant qu'il n'a pas l'habitude de la cuillère, commencez le repas en donnant le lait au sein ou en biberon. C'est comme pour le change, autant faire les choses dans le calme. Si vous donnez une cuillère de purée à un enfant qui n'a jamais mangé de purée ni même vu une cuillère, il y a des chances qu'il ne sache pas quoi en faire, que la purée finisse par terre ou au plafond, et l'enfant très énervé (il a faim, quoi !). Vous inverserez ensuite, en commençant par la purée.
2) Pour la viande (ou volaille ou poisson), lorsqu'elle est hachée, c'est franchement sec. Donc tant pis pour la vraie saveur du bœuf, qu'il découvrira un jour, mais mélangez la viande à une purée de légumes ou de féculents, car c'est tout de même plus facile à manger !
3) Comme il est compliqué de mixer « l'équivalent de deux cuillères à café de viande / poisson », ce qui est la recommandation des pédiatres pour les premiers repas salés (j'aimerais les y voir), faites cuire un morceau de poisson, blanc de poulet, escalope de veau ou autre pièce d'une taille décente, mixez-la avec un peu d'eau et congelez vos fameuses « deux cuillères » individuellement. Elles se décongèleront vite, et s'ajouteront à la purée qui, elle, va varier de goût.

D

Pot ou frais ?

Tout le monde s'accorde sur la qualité nutritionnelle des petits pots. Sur la qualité gustative, en revanche, la chose est moins sûre !

Moi je n'avais pas de problème de principe, et, en voyage notamment, les petits pots simplifient la vie.

Mais je n'ai jamais trouvé de petits pots appétissants. Je ne me voyais donc pas en train d'initier mon enfant à la nourriture avec ça. C'est comme l'allaitement, c'est un choix.

Pour celles qui choisissent les pots, méfiez-vous simplement d'une chose : comme ils sont faits pour être donnés à des enfants de 4 mois sans dents, ils sont super mixés. Conclusion : le jour où vous introduisez des aliments solides, les enfants ont du mal car la texture les surprend.

Pour illustrer cela, je dirais que je suis convaincue que les enfants n'ont pas de problème avec l'intégralité de la catégorie « légumes ». S'ils renâclent, c'est en fait souvent pour des questions de texture. D'ailleurs, les gens qui n'aiment pas les légumes les supportent plutôt bien en purée. Faites le test autour de vous si vous en connaissez, généralement, cela se vérifie. (Bon, les enfants renâclent aussi au sujet des légumes parce qu'ils comprennent vite que c'est ce que Maman veut qu'ils mangent, donc quand on commence à chercher des poux sur la tête de Maman – ce qui vient assez tôt dans leur vie – c'est là que ça coince, en général. Étonnant, non ?)

Voici ma parenthèse refermée, je reprends : donc si vous gagnez du temps d'abord en donnant des pots tout prêts, vous pourrez en perdre ensuite car ils mettront plus de temps à passer à la table familiale (en version mixée, puis hachée, puis coupée de plus en plus gros).

Ah ! Encore une chose : personnellement, j'ai préféré initier à la vraie purée tout de suite plutôt que de faire ce que l'on conseille souvent, c'est-à-dire mélanger la purée de légumes au lait. Ça ne me viendrait pas à l'idée de mélanger mes courgettes à du lait, donc je ne me voyais pas donner ça à mon bébé. À vous de voir.

Dormir (ou non) avec bébé

Magali, maman

Sujet épineux s'il en est. Un peu comme l'allaitement, vous trouverez toutes les écoles : celles qui vous promettent un enfant épanoui et heureux s'il dort avec vous les trois premières années de sa vie, et celles qui vous menacent d'un conjoint qui part et d'un enfant capricieux qui ne vous lâchera jamais si vous dormez avec lui ne serait-ce qu'une seule nuit !

Comme toujours, la vérité n'est pas absolue et la solution réside en vous, dans votre façon de fonctionner et d'apprendre à fonctionner avec bébé.

« Dormir avec lui » a aussi plusieurs réalités : dans la même pièce ou carrément dans le même lit.

Il y a à chaque configuration des avantages et des inconvénients.

Dormir avec lui dans votre lit

C'est pratique, car vous l'avez sous la main, surtout si vous allaitez au sein. Et puis, être à proximité de vous, de votre odeur et de votre chaleur le rassure donc le calme. En revanche, certaines mères sont très inquiètes de « l'écraser ». En pratique, cela n'arriverait que très exceptionnellement mais cela peut assurément vous faire passer de mauvaises nuits. Et au fur et à mesure que le temps passe, c'est sûr qu'il sera plus difficile de lui faire intégrer une chambre à part. Si vous êtes d'accord avec votre conjoint, vous pouvez opter pour cette solution. Mais vérifiez bien que c'est un choix commun, car évidemment votre vie intime peut en souffrir.

Dormir avec lui dans votre chambre

Également pratique si vous l'allaitez au sein, et plus rassurant si vous craignez de « rouler sur bébé » au milieu de la nuit ! Je ne suis pas sûre que votre vie intime avec Conjoint soit plus épanouie (il est là, tout de même), mais cela vous laisse certainement plus d'espace !

Une chose : les bébés font beaucoup de bruit. Donc si vous ou Conjoint avez le sommeil léger, c'est un facteur dont il faut tenir compte.

Par ailleurs, le garder avec vous, lit à part ou commun, n'est pas forcément une bonne idée si c'est votre deuxième enfant (à partir du troisième c'est moins problématique, l'aîné est habitué à avoir de la concurrence !). Votre aîné peut mal vivre que Numéro 2 ait le privilège de la chambre parentale.

Dernier point : dormir dans la chambre des parents, dans leur lit ou non, prolonge les réveils nocturnes alors que la faim a disparu. Intégrez cela dans votre équation !

Le laisser dans sa chambre

C'est la solution qui vous fera faire le plus d'aller et retours ! Se lever pour les repas, en cas de pleurs, en cas de bruits auxquels vous n'êtes pas encore habituée, en cas de silence qui vous semble prolongé… Bref, un bon moyen de réintégrer le sport après bébé !

Ceci étant, vous « couperez » tout de suite le cordon en lui donnant l'habitude d'être seul dans son lit. Si cela ne l'inquiète pas et ne vous manque pas, c'est donc une bonne solution. Elle vous permettra de reprendre votre vie de couple quand l'heure sera venue et de bien indiquer à chacun ou est sa place.

Mais si cela vous manque, ou si vous sentez bébé inquiet, prenez le temps. Parlez-en en couple.

Les transitions douces sont tout de même le meilleur moyen que tout le monde soit « bien ».

Cf. Sommeil

Doudou

Christine, sage-femme

Le doudou qu'est-ce que c'est ? Quand va-t-il le prendre ?

C'est un objet de substitution qui va le réconforter dans son apprentissage de la vie sans être collé à Maman.

C'est lui qui le choisit et non pas vous et cela se fera autour des 3 mois.

Conseil

Dès qu'il en a choisi un, achetez un deuxième exemplaire du même et prenez l'habitude de les alterner afin de les laver régulièrement. Cela vous évitera d'avoir un enfant qui se promène avec un truc qui a été un éléphant en peluche mais qui ressemble désormais à une serpillière ! Et en cas de perte, il en reste un… Le drame sera évité !

Une chose : si vous lavez doudou, laissez le « propre » se salir un peu avant de retirer le « dégoûtant » : il faut qu'un doudou sente !

D

LES CLASSIQUES

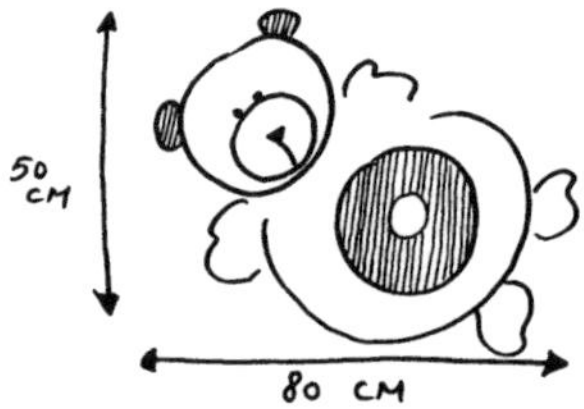

LES ENCOMBRANTS

LES ÉTONNANTS

LES PAS PRATIQUES (DU TOUT !)

Karen

Magali, maman

Bon. Je ne suis pas du tout convaincue que ce soient les enfants qui choisissent, en tout cas à ce jeune âge. J'en ai vu, des parents, choisir, en revanche. Et coller un nounours qu'ils trouvaient « trop mignon » dans le berceau d'un enfant de 3 semaines. Quelques mois plus tard, il s'y est attaché, c'est forcé !

Moi qui n'avais pas de goût particulier pour les doudous et qui n'en ai pas « choisi » un pour mes enfants, j'ai un fils qui utilise les langes, à condition qu'ils aient des étiquettes et on peut les intervertir sans problème. Ma fille n'en a pas. Donc j'ai tendance à penser que c'est lié à l'envie des parents. C'est votre droit !

En revanche, je peux me souvenir exactement du jour où mes amis, les uns et les autres, ont choisi un doudou pour leurs enfants. Quand aujourd'hui ils pestent sur la taille du doudou ou que c'est la panique parce qu'ils l'ont perdu et n'en ont qu'un exemplaire, je rigole.

Emmailloter

Christine, sage-femme

Certaines mamans observent de réels changements quand elles emmaillotent leur bébé. Il semble plus apaisé, ne sursaute plus pendant son sommeil et dort plus facilement et plus longtemps. Si vous désirez emmailloter votre bébé, voici la marche à suivre. Vous n'avez pas besoin d'acheter une couverture spéciale. Une couverture ou un linge en flanelle va aussi bien.

Pliez-le en triangle, mettez votre enfant au milieu, puis prenez l'angle du bas en le repliant sur ses pieds. Ensuite, prenez l'angle de droite et repliez-le sous la hanche gauche de votre enfant, faites de même de l'autre côté.

Règle d'or

Si votre enfant suce ses doigts ou son pouce, recouvrez le seulement jusqu'aux aisselles. Sinon vous perdrez les vertus calmantes de l'emmaillotement, puisqu'il ne trouvera pas son pouce pour se calmer !

Prenez-le contre vous comme si vous l'allaitiez et reposez-le dans son lit dès qu'il est endormi.

ENGORGEMENT

Christine, sage-femme

Qu'est-ce que c'est ?

Lors de la montée laiteuse, les seins deviennent durs, douloureux et gonflés. Cela peut également se produire quand vous portez un soutien-gorge à armatures, quand vous avez une période trop longue qui s'écoule entre deux tétées ou encore si votre enfant n'a pas bien vidé un sein lors de la tétée.

Que faire ?

Appliquez des compresses d'eau chaude sur les seins ou prenez une douche chaude. Si cela arrive six semaines après votre accouchement vous pouvez prendre un bain chaud et masser les seins (il n'est pas recommandé de prendre des bains tout de suite).

Il faut masser en pressant, du bas de votre sein jusqu'au mamelon et surtout sur les points douloureux (ça fait mal, je sais, mais il le faut), toujours dans le sens des aiguilles d'une montre.

Il y a une autre solution « magique », qui va vous sembler tout droit sortie d'un épisode de Harry Potter mais qui marche bien :

- Mettez un verre large (type whisky) sous l'eau chaude. Quand le verre est chaud, videz cette eau et remettre de l'eau chaude (mais pas brûlante !).
- Mettez votre sein (le mamelon ainsi que l'aréole) dedans, en vous penchant en avant (personne ne vous verra, respirez !).
- L'eau chaude va permettre de dilater les canaux galactophores ; en massant, le lait va pouvoir s'écouler. Vous allez voir des jets de lait sortir dans l'eau… Ça fait peur ou ça fait rire, c'est selon !

Comment les éviter ?

Allaitez le plus souvent possible aux deux seins. Trouvez un truc (bracelet, marque, notes dans un cahier…) pour vous souvenir par lequel commencer à la tétée suivante. L'alternance régulière est le secret !

Après la tétée, appliquez de l'argile verte en tube (se trouve en pharmacie) entre deux compresses et l'appliquer sur la région douloureuse. Vous pouvez préparer des compresses à l'avance et les mettre au réfrigérateur !

N'hésitez pas à prendre des antalgiques. Si la douleur est trop forte, si votre sein est rouge ou si vous avez de la fièvre, appelez la sage-femme, votre gynécologue ou la clinique, il faut que quelqu'un vous voie.

Règle d'or

Quand vous allaitez, vérifier toujours qu'il n'y ait pas de nodule (on sent sous le doigt comme un grain de raisin qui se résorbe sous la pression).

Si vous avez un nodule, massez-le, soit durant l'allaitement ou avec la technique du « Verre d'eau magique ».

Épisiotomie

Christine, sage-femme

L'épisiotomie consiste à effectuer une incision du périnée pour faciliter l'expulsion du bébé au moment de l'accouchement. Si vous en avez eu une, voici quelques conseils.

Lavez-vous de préférence avec un savon pH neutre et sans parfum. Si l'on ne vous en n'a pas prescrit, vous trouverez des soins à faire localement à base de camomille. Pensez bien à ne pas vous essuyer en frottant, mais plutôt en tamponnant. Certaines ont recours au sèche-cheveux : OK, mais faites attention à la température ! (Oui, je sais... Mais si je vous le dis, c'est que... j'ai tout vu !).

Pour favoriser la cicatrisation, changez souvent de serviettes hygiéniques, et prenez-les les plus « naturelles » possibles pour éviter les mycoses.

Si vous êtes très inconfortable pour vous asseoir, procurez-vous une bouée ou des coussins gélifiés.

Durant toute cette période, évitez de « tirer » sur vos points, notamment lors de positions type « en tailleur ».

Toute douleur persistante ou odeur nauséabonde doit être signalée au médecin ou à la sage-femme.

Érythème fessier

Christine, sage-femme

Qu'est-ce donc ?

Les fesses deviennent rouge vif, sont chaudes et brûlent lorsque le bébé urine. Il a mal.

Les rougeurs peuvent apparaître également sur la vulve, le scrotum, les cuisses.

Cela est dû à l'ammoniaque provenant de l'urine qui, au contact de selles, devient corrosive.

Que faire ?

Le premier mois, utilisez seulement de l'eau et du savon pour laver les fesses de votre enfant. Arrêtez les lingettes humides si vous avez commencé avec ça.

Lavez doucement avec de l'eau dans laquelle vous aurez mis une goutte d'huile d'amande ou d'olive. Séchez en tamponnant, il est important de ne pas frotter. Vous pouvez également utiliser du liniment oléo-calcaire (mélange d'huile d'olive et d'eau de chaux), certaines mamans le trouvent miraculeux !

Laissez votre enfant sans couches le plus possible.

Utilisez une crème à base d'oxyde de zinc ou de la vaseline pour protéger la peau.

Changez régulièrement les couches.

Et si rien n'y fait, changez de marque de couches, il peut aussi parfois y avoir des intolérances.

Si les rougeurs persistent, consultez votre pédiatre.

Cf. Change, Couches

F

F

Faim

Christine, sage-femme

Comment savoir si votre enfant a faim ?

Mettez votre enfant sur le ventre contre votre thorax. S'il fait le « pivert » ou la « tortue » avec sa tête, c'est qu'il a faim.

Vous verrez également qu'il peut se déplacer en rampant jusqu'à votre sein.

En revanche, si votre enfant tête votre doigt, ce n'est pas nécessairement un signe de faim. Un bébé a un réflexe inné de succion ; tout ce que vous allez lui proposer, il le tétera. Je vous conseille plutôt de vous référer aux signes susmentionnés !

Fatigue (de la maman)

Christine, sage-femme

Il est normal que vous soyez fatiguée. Il y a de nombreuses raisons à cela.

- Votre bébé n'a pas le même cycle de sommeil que vous. Il est parfois tellement en décalage avec vous qu'il vous réveille dans une phase de sommeil profond, si profond que vous en avez oublié que vous aviez un enfant !

- Par ailleurs, un accouchement est épuisant comme un marathon à la fin duquel on est « vidé » (c'est littéralement vrai) ! Il est indispensable de prendre du repos après un effort si intense.
- Nos hormones influent grandement sur notre humeur (généralement, nous sommes Jean qui rit et Jean qui pleure) ce qui n'est pas facile à vivre ni pour notre entourage ni pour soi.
- Et pour ne rien arranger, la responsabilité de ce petit être qui nous incombe tout d'un coup est un peu écrasante. Ici, impossible de démissionner, de se lever et de partir !

Il est tout à fait normal d'avoir l'impression d'être totalement dépassée. Je suis passée par là et j'ai vu un grand nombre de mamans dans la même situation. Mais personne n'ose le dire ou le reconnaître.

Souvent, si l'on travaille, on a l'impression qu'on aura beaucoup de temps libre quand on sera en congé maternité. Mais simplement nourrir votre bébé va, dans les premières semaines, vous prendre environ six heures par jour, soit quasi une journée de travail. Et ça, c'est sans compter tout le reste !

Voici quelques conseils pour « tenir », surtout les trois premiers mois :

1) Demandez de l'aide, en particulier entre 16 heures et 20 heures (surtout si vous avez d'autres enfants : entre le repas et le bain, alors que la fatigue de la journée se fait sentir, c'est la période de la journée la plus compliquée).
2) Prenez un agenda et répartissez les amis qui viennent vous rendre visite. Cela fait du bien de voir du monde, autant optimiser en n'ayant pas tout le monde un jour et personne le lendemain ! Et s'ils viennent aux heures des repas, soyez

A B C D E F G H I J K L M N O P Q R S T U V W X Y Z

culottée, demandez-leur de gérer la nourriture, comme ça pas de repas à préparer !

3) Faites des siestes. Que personne n'ose vous dire que c'est du temps perdu ! Comment font les navigateurs en solitaire quand ils font du long cours ? Des siestes !
4) Ne demandez pas à votre conjoint de se réveiller la nuit. Deux personnes fatiguées = disputes assurées !
   Lui ne peut pas faire la sieste, vous oui. En revanche, vous aurez besoin de lui pour prendre le relais en fin de journée, voire en première partie de nuit (la garde de 18 heures à minuit, c'est l'idéal pour vous permettre de souffler).
5) Sortez de chez vous tous les jours. Fatiguant ? Bien au contraire ! Aérée, divertie par l'extérieur, ces sorties vont vous faire un bien fou. Il faudra peut-être vous forcer, mais c'est totalement indispensable pour décompresser, et recharger les batteries. Profitez-en pour vous faire plaisir : lèche-vitrines ou éclair au chocolat, lecture d'un magazine au parc, chacune sa technique (cf. Sorties).

Magali, maman

Pour l'histoire du conjoint, j'ajouterais juste une chose : convenez-en à l'avance. Même si vous êtes en forme et que vous pourriez continuer, laissez-le faire : allez vous poser, prenez un bain, sortez... Il y a deux avantages à cela : d'abord, cela vous force à lâcher bébé, alors que les mamans ont tendance à tout vouloir superviser.

Ensuite, il ne faut pas que vous ayez besoin de demander du relais, c'est-à-dire de le formuler à voix haute. Pourquoi ? Il y a deux risques.

Le premier, c'est qu'on aimerait parfois que son conjoint comprenne à demi-mot (donc on formule à moitié !) et ce n'est pas souvent le cas ! D'où disputes, car on pensait avoir demandé et que l'autre n'a pas compris ce qu'on voulait.

L'autre, c'est qu'on s'interdit parfois de demander parce qu'on a l'impression de ne pas être à la hauteur, ou qu'on se dit qu'on est en échec et qu'on ne veut pas l'admettre. De cela découlent fatigue et corde sur laquelle on tire !

Alors, si c'est convenu, pas besoin de demander, les choses sont claires dès le départ, que vous en ayez besoin ou non.

Cf. Aide, Confiance, Sorties

Fièvre

Christine, sage-femme

La fièvre est très courante pendant l'enfance. C'est un mécanisme de défense normal contre les infections de tous poils.

La température rectale normale de l'enfant se maintient entre 36,5 °C et 38 °C. Vérifiez la température de votre enfant s'il est chaud, pleurnichard et fatigué.

Si la température rectale dépasse 38,3 °C, il a de la fièvre.

Que faire pour faire tomber la fièvre ?

- Déshabillez votre enfant et laissez-le en body.
- Donnez-lui éventuellement un bain tiède (en gros trois degrés de moins que sa température).
- Vérifiez que la chambre soit suffisamment fraîche.
- Donnez à boire à votre enfant, car avec la fièvre il va transpirer et perdre de l'eau. Si cela passe mieux que l'eau, donnez-lui des boissons qu'il aime.

A B C D E F G H I J K L M N O P Q R S T U V W X Y Z

Il n'aura probablement pas faim. Pas d'inquiétude, il mangera quand il se sentira mieux.

Si malgré ces mesures, la fièvre ne descend pas, donnez-lui un médicament (type paracétamol), que votre pédiatre vous a prescrit.

Il y a DANGER si un bébé de moins de 3 mois a de la fièvre.

Si votre bébé a moins de 3 mois ou si son état vous inquiète, consultez immédiatement votre pédiatre ou éventuellement le service pédiatrique de garde voire les urgences.

G/H

G/H

Garde (adaptation du bébé)

Christine, sage-femme

Un vrai casse-tête pour les parents !

Entre crèche et garde à la maison, les avantages et les inconvénients sont une chose, la disponibilité en est une autre !

Notre propos est surtout ici de traiter le sujet de l'adaptation, car, qu'il y ait garde à l'extérieur ou à domicile, il y a une période de transition à gérer.

La période d'adaptation est très importante et favorise la bonne suite du mode de garde choisi.

Prenez le temps d'expliquer à votre bébé ce qui va se passer.

Quel que soit le mode de garde finalement choisi, accordez du temps à l'adaptation : commencez « sans partir », puis partez 10 minutes, puis 30 et ainsi de suite.

Cela peut paraître contraignant, mais c'est gage de qualité de transition et cela est important pour votre enfant et pour vous !

Le stress ressenti est normal : vous aurez la tentation d'appeler tout le temps pour savoir comment ça se passe, et s'il va bien.

Certaines mamans sont même déçues si leur bébé ne pleure pas, ou veulent les surprendre pour voir la joie des retrouvailles sur leur visage quand elles reviennent. C'est légitime ! C'est un peu comme si on coupait le cordon une deuxième fois et à chaque étape du voyage de l'enfant vers l'autonomie, cela risque d'être la même chose.

Mais pensez aussi à modérer vos réactions, dans l'intérêt du bébé : plus votre départ se fera dans le calme et les retrouvailles dans une joie simple sans effusion, mieux les séparations se passeront !

Cf. Sevrage

Gigoteuse

Christine, sage-femme

C'est un système ingénieux, mélange de pyjama et de couverture, qui permet de couvrir l'enfant dans son lit à l'âge où couvertures et couettes sont déconseillées. Elles existent dans toutes les tailles (jusqu'à deux ans à peu près).

Quand vous l'achetez, vérifiez la taille. Il est important que l'encolure ne soit pas trop grande et ne frotte pas les joues. Sinon, vous aurez un bébé qui cherche à manger car il aura un réflexe de succion si quelque chose lui touche la joue !

Et n'achetez pas du 12 mois au début au prétexte qu'il grandira, car il faut éviter qu'il ne « tombe » au bas de sa gigoteuse…

Magali, maman

Ah, et soyez sympa : lorsqu'il commence à beaucoup bouger, à se retourner, voire à se mettre debout, même s'il ne marche pas, achetez-lui plutôt un « surpyjama », avec des jambes. Cela va lui éviter de s'emmêler les pinceaux dans la gigoteuse quand il voudra se mettre debout dans son lit !

Habits

Christine, sage-femme

Votre bébé est mieux en pyjama le premier mois et cela vous facilitera la vie. Il existe de jolies grenouillères dans toutes les matières, y compris le cachemire !

Si vous voulez mettre votre bébé fille en collants, assurez-vous que cela ne lui serre pas trop le ventre : vous devez pouvoir enfiler deux doigts entre son ventre et le collant. Même chose pour le pantalon du bébé garçon. Autrement, soyons claires, vous risquez d'avoir un enfant qui vomit sur ses habits après son repas car il a l'estomac trop serré !

À la question « Comment les habiller pour qu'ils soient à la bonne température ? », pas de réponse exacte. Tout est affaire de personne. Une maman frileuse aura naturellement tendance à beaucoup couvrir son bébé. Sachons qu'en général, on les couvre trop, surtout à l'intérieur (oubliez la brassière en mohair ou cachemire, c'est joli quand on sort et qu'il fait froid, mais trop chaud et pas pratique si on doit tout laver). Il faut faire attention, car les tout-petits attrapent vite froid dès qu'ils sont dans des courants d'air.

Un repère qui peut être utile : on dit souvent qu'il leur faut « une couche de plus ». Si vous êtes en chemise et pull, rajoutez un body par exemple. Et surtout, observez votre enfant : s'il est rouge et pas content, il y a des chances qu'il ait trop chaud ! La couverture est le moyen le plus pratique en balade : dehors, on la met, dedans, on la retire. Extrêmement utile dans les magasins…

Bonnet ou pas ? Les bébés perdent beaucoup de chaleur par la tête et cela illustre bien le « si on a chaud à la tête on a chaud partout ». Le bonnet est donc utile par temps froid. Mais sinon, oubliez-le à l'intérieur et en été (oui, il l'avait à la maternité, mais il avait 24 heures et sortait de votre ventre !).

Vous apprendrez à vous repérer dans les marques d'habits. Attention, elles taillent très différemment d'une marque à l'autre ! Bizarrement, les marques italiennes et françaises taillent plutôt petit ou juste et les suédoises taillent géant !

Cf. Lavage des habits, Listes d'habits (dans les Annexes), Vomi

G/H

Hoquet

Christine, sage-femme

Le hoquet est un spasme involontaire du diaphragme, le muscle situé au-dessus de l'estomac.

Les nouveau-nés y sont sujets après une tétée ou un biberon. Certains l'ont plus souvent que d'autres, y compris durant la grossesse (vous avez peut-être senti, quand il était dans votre ventre, des mouvements réguliers).

Regardez et observez votre bébé : si cela le dérange, donnez-lui le sein ou un biberon d'eau. Le changement de position peut aussi lui faire passer le hoquet. S'il dort, ne le réveillez pas !

Le hoquet devient moins fréquent quand bébé grandit.

I/J

I/J

Idées reçues

Magali, maman

Ça a commencé lorsque vous étiez enceinte. Si vous aviez choisi de ne pas savoir le sexe du bébé, vous avez entendu mille fois « Je suis sûre que c'est un garçon » ou « C'est une fille, évidemment ».

Eh bien, une fois l'accouchement terminé, cela continue, figurez-vous ! « Il pleure pour avoir les bras », « Il ne faut pas trop lui donner à manger, ça dilate son estomac » (cf. Tétées), « Il ne faut pas le prendre dans les bras, on l'habitue mal » (cf. Câlins), « Le pouce déforme les dents » (cf. Dents)... La liste pourrait être longue des affirmations que vous allez entendre, de personnes plus ou moins bien renseignées et plus ou moins bienveillantes (derrière chaque conseil donné gratuitement, une petite leçon peut parfois pointer !).

Prenez un peu de distance, même si c'est difficile. Choisissez dans votre entourage une ou deux personnes en qui vous placerez votre confiance et à qui vous demanderez conseil. Pas plus ! Choisissez-les parce que leur façon d'être ou d'élever leurs enfants vous « parle ».

Pour les livres, idem. Lisez avec du recul, si possible. Ne pensez pas « Voilà comment je dois faire », mais « Je suis plutôt d'accord avec ça ». Christine est arrivée chez moi (le jour où je pleurais comme une Madeleine sur mon triste sort de nouvelle maman) et a aperçu un livre que je venais de commencer, une femme qui prétend qu'elle a une baguette magique et qu'elle jette des sorts aux bébés (et qui vous dit qu'il faut une discipline de fer, et que moyennant des réveils militaires à 6 heures pour vous et Bébé dès le deuxième jour de vie, vous trouverez du temps pour absolument tout faire, des cookies pour vos voisines à du *pole dancing* pour votre mari… Cette bonne blague !). Elle a pris le livre et m'a dit : « Ça, c'est un livre qui fait pleurer les mamans. » Je l'ai mis à la poubelle !

Faites de même. De l'observation, votre bon sens et les conseils de personnes de confiance devraient suffire. Et quelques bonnes lectures (comme le Guide (très) pratique de la Sage-Maman, évidemment !).

Cf. Câlins, Dents, Réunions de Famille, Tétées

INCONNU

Magali, maman

Ce bébé, c'est le vôtre, d'accord, mais c'est un inconnu. Il arrive, comme ça, c'est magique mais c'est également déroutant.
Une des questions qui se pose, surtout du côté des Conjoints, c'est quoi faire avec lui.

Cela vous semble bizarre ? Eh bien ce n'est pas évident pour tout le monde ! Comment entre-t-on en communication avec lui ? Nous voit-il ? Nous entend-il ? Comment joue-t-on avec lui alors qu'il faut le porter comme s'il était en sucre et qu'il ne tient pas sa tête ?

Le mieux, si vous êtes un peu perdue (vous ou Conjoint) devant ce petit être, c'est de vous occuper de lui et de lui dire ce que vous faites.

« Je vais t'emmener sur la table à langer pour changer ta couche », « J'enlève ton pyjama », « Attention, je vais te mettre dans le bain, j'espère que la température est bonne », etc.

Cela offre un double avantage : vous ne devrez pas chercher quoi dire, et cela le rassurera beaucoup. Et vous allez vite vous rendre compte qu'il « capte » beaucoup de choses, et qu'à sa façon, il vous répond. Observez-le, observez ses réactions. Vous verrez qu'il s'en passe, des choses. Soyez patiente, le lien ne se décrète pas, il se crée !

Incontinence urinaire

Christine, sage-femme

Il se peut que vous souffriez d'une incontinence urinaire durant les premiers jours après votre accouchement. Elle est, dans la plupart des cas, minime et temporaire, car liée à la tonicité de votre périnée, qui a été pas mal sollicité lors de l'accouchement !

Si elle persiste au-delà d'un mois, parlez-en à votre gynécologue. Ce n'est pas un sujet tabou, la rééducation périnéale permet d'y mettre un terme, n'hésitez pas (d'autant que la tonicité du périnée est importante lors de grossesses ultérieures ou lorsque vous prendrez de l'âge).

Cf. Césarienne, Épisiotomie, Lochies

Instinct maternel

Christine, sage-femme

Vous avez pendant neuf mois attendu un « bébé imaginaire ». Lorsqu'il parait « pour de vrai », il peut y avoir de la déception, car il est différent de ce que vous aviez imaginé. Par ailleurs, on peut avoir mal vécu son accouchement ou se sentir débordée par tout ce qu'il y a à faire après.

Tout cela pour dire que la plénitude de la condition de mère n'est pas ce qu'il y a de plus fréquent ! Et que devenir mère, cela s'apprend, cela prend du temps.

Magali, maman

Nous sommes nombreuses à avoir cherché au fond de nous si nous ressentions ce truc magique que la littérature sublime. Nous sommes presque aussi nombreuses à n'avoir pas du tout ressenti quoi que ce soit, et beaucoup se sont senties bien coupables et (déjà) mauvaises mères. En gagnant en intelligence, l'humain s'est éloigné de l'animal. Cela offre des avantages, mais aussi des inconvénients !

Il est donc possible que vous ne ressentiez rien de particulier face à votre enfant. Ne vous en faites pas, cela arrive. Ça ne vous enlève rien. Comme bien d'autres choses, l'instinct maternel pour les humains relève du mythe, ou de la foi, ou de la profonde conviction et ne représente de toute façon pas la même chose d'une personne à l'autre.

Cf. Confiance, Inconnu

Jouets

Christine, sage-femme

Laissez votre bébé découvrir le monde qui l'entoure, il est déjà assez vaste, guère besoin d'autres stimuli ! Je sais bien que les parents ont envie de se faire plaisir en aménageant la chambre, mais j'ai vu des chambres transformées en véritables parcs d'attractions. Votre bébé profitera bien des jouets en grandissant, mais au début, pas besoin d'en faire trop, je vous le promets.

Les sources de bruit (télévision, radio) sont fortes et excitantes, n'en abusez pas et faites attention au volume, souvent trop important pour les oreilles délicates des bébés.

Après quelques semaines, votre bébé pourra aller sur un tapis d'éveil, bien pratique, ou dans un transat sur lequel vous pourrez placer une arche de jeux. C'est à mon avis amplement suffisant !

Cf. Tapis d'éveil, Transat

L

L

Lactation

Christine, sage-femme

La production de lait maternel est délicate !

Certains facteurs la favorisent : le calme, la sérénité. A contrario, le stress, l'anxiété peuvent dramatiquement faire chuter la production de lait voire l'interrompre ! (cf. Tétées)

Il en va de même pour les aliments : certains aliments ingérés par la mère vont favoriser la production de lait, ou en modifier la composition, ce qui aura des conséquences sur la digestion de votre enfant.

Il existe également dans le commerce des « mélanges pour mère allaitante » qui favoriseraient la production de lait. Vous pouvez bien entendu y avoir recours, mais faites attention à leur teneur en sucres, parfois très haute.

Voici quelques aliments donnés à titre indicatif :

- Favorisant la lactation : les amandes, la bière (sans alcool) et les autres boissons à base de malt, le fenouil (à boire en tisane, un grand classique !), la verveine.
- Freinant la lactation (à éviter, donc !) : cerfeuil, menthe, persil, sauge. Mais pas de panique ! Pour la freiner réellement, il faudrait en manger beaucoup : inutile de repousser les trois feuilles de persil parsemées sur le poisson en papillote, elles ne freineront rien du tout !

Pour atténuer les inconforts intestinaux chez l'enfant, il conviendrait de :

- éviter toutes les boissons gazeuses et limiter les excitants (café, thé, boissons type coca) ;
- éviter les jus d'agrumes, de pommes, de raisin qui vont trop stimuler les intestins de bébé (par lait interposé). Idem au sujet des pruneaux, prunes, cerises et melons, céréales complètes ;

- limiter la consommation de produits laitiers;
- éviter la consommation de légumes secs (lentilles, pois chiches), d'ail et d'oignon.

Cf. Allaitement, Tétées

LAIT

Christine, sage-femme

Le lait constitue les repas de votre enfant au moins jusqu'à son 4e mois de vie. Qu'il soit maternel ou en poudre (cf. Allaitement), il se manipule avec soin, car c'est un milieu propice à la prolifération bactérienne (cf. Biberon).

Sa conservation dépend de sa fabrication.

Voici un tableau indicatif qui vous aidera à savoir à quoi vous en tenir!

Type de lait	Conservation à température ambiante (~ 20 °C)	Conservation au réfrigérateur (~ 5>C)	Congélation (~ -18 °C)
Lait poudre	1 heure	Pas recommandé par les fabricants	
Lait maternel	1 à 2 heures	1 à 2 jours	6 mois*
Lait maternel décongelé	1 heure	24 heures	Non

*Ne faites pas trop de réserves dans les premiers temps: la composition du lait évolue pendant le premier mois et ne sera pas adapté à un bébé de 4 mois par exemple.

Si vous utilisez du lait en poudre, pensez bien à changer de lait à partir du 6e mois : on passe alors au lait « 2e âge » – à utiliser également en cas de sevrage au 6e mois ou plus tard, jusqu'à 1 an. C'est important, car les besoins du bébé changent !

Lavage des habits

Christine, sage-femme

Voici une occupation qui vous prenait du temps et qui va vous en prendre beaucoup plus !

Lavez les habits avec des produits hypoallergéniques et sans parfum et n'utilisez pas d'adoucissants. Privilégiez un cycle long ou un rinçage plus intense (certaines machines sont dotées de cette fonction ou d'un programme type « lavage linge de bain ou linge éponge » qui rince plus longtemps) afin d'éliminer au maximum les résidus de produit de lavage.

La peau de votre enfant est très sensible et son odorat aussi. Il convient donc de le protéger des réactions allergiques aux composants de ces produits.

Vous pouvez mélanger vos habits avec ceux de votre enfant : inutile de multiplier les lessives. Évitez quand même de mettre la jolie brassière en coton rose pâle avec un short de rugby plein de terre ou la couverture du chien !

Conseils

Si son body ou son pyjama est plein de selles, lavez-le sans plus tarder en enlevant le plus gros à la main, car si vous attendez, vous ne pourrez sans doute pas le sauver ! Les selles tachent fortement, surtout celles, très liquides et jaunes, du début de la vie.

De la même façon, protégez bien les habits du lait et des régurgitations : elles tachent de façon irrémédiable d'un jaune du meilleur effet, surtout par exemple sur un petit chemisier blanc.

Faites également attention aux crèmes solaires pour enfant le jour où vous en aurez l'usage : je n'en connais pas une qui ne tache pas (de la même façon, des traces jaunâtres qui ne partiront jamais). Tartinez l'enfant avant de l'habiller, c'est préférable et choisissez des maillots de bain sans parties blanches !

Cf. Taches

LINGETTES

Magali, maman

Utiliser des lingettes ou ne pas en utiliser, telle est la question ! J'avais l'impression que les lingettes, ce n'était pas écologique, c'était plein de produits sûrement pas très bons pour mon bébé et j'étais vraiment dérangée par leur odeur... Bref, j'ai commencé par de l'eau et du coton pour nettoyer les fesses. Sur les conseils de Christine, n'ayant pas de table à langer dans la salle de bain, j'ai utilisé un thermos que je remplissais d'eau chaude, un bol, et des carrés de coton.

Autant vous dire que j'ai fait ça quelques semaines, et puis après je suis passée aux lingettes, car pour les sorties notamment ou les voyages, c'est bien plus pratique. Mais je vous conseille quand même de vérifier leur composition et, en cas de fesses rouges, de changer de marque ou de revenir au bon vieux coton...

Cf. Change, Couche-culotte

L

Lit

Christine, sage-femme

Évitez le tour de lit de couleur vive, peu propice au calme et vérifiez, lors de sa mise en place, qu'il soit bien attaché. Ne le prenez pas trop épais : votre enfant ne va pas tout de suite jouer aux autos tamponneuses avec son lit, et une grande épaisseur fait « barrage » à l'air.

Vérifiez que le sommier soit bien fixé. Le matelas doit être assez ferme (idéalement neuf comme cela vous êtes sûre de sa qualité). L'espace entre les barreaux devrait en principe faire moins de 6 cm. Les barrières, si elles sont mobiles, doivent être relevées et solidement fixées.

Pas de couverture ou d'oreillers dans les premiers mois, afin d'éviter les accidents (l'enfant ne peut pas se retourner ou les retirer s'ils gênent sa respiration). Si vous utilisez un berceau de famille, vérifiez bien sa solidité et la tenue du matelas et ne l'utilisez pas trop longtemps.

Si le lit est grand, vous pouvez caler votre bébé à l'aide d'une serviette éponge que vous allez rouler, comme une saucisse. Chacun des bouts de la serviette ira sous ses aisselles et le reste fera le tour de ses pieds. Cela évitera qu'il glisse au bas du lit ! Par ailleurs, cela le « contient » comme il l'était dans votre ventre. Pensez également à lui laisser la tête toucher le bord du lit : certains bébés dorment mieux quand ils sentent que l'espace autour d'eux est « fini » ou a des limites.

Magali, maman

Dans quelle position et conditions faire dormir les bébés ? Grande question !

Aujourd'hui, les consignes sont claires : faire dormir les enfants sur le dos, sans draps, ni couvertures, ni coussins, sur un matelas ferme et dans une chambre fraîche.

On a observé que ces consignes jouent un rôle dans la diminution des morts subites du nourrisson pour, si j'ai bien compris, plusieurs raisons. Le fait d'éviter draps, couvertures et coussins permet de limiter les risques de suffocation. Un bébé ne peut en effet pas retirer ce qui l'empêche de respirer aisément. Même raison pour le matelas : on trouve souvent des matelas (ou des coussins) trop mous (car ayant beaucoup été utilisés !) dans lesquels bébé risque d'enfouir trop profondément son nez s'il est sur le ventre. Pour finir, une chambre fraiche limite les risques d'hyperthermie des bébés (souvent très couverts pour dormir), potentiellement dangereuse.

Du coup, ces consignes permettent d'éviter un gros pourcentage de situations à risques. Ceci étant dit, j'ai vu beaucoup de mamans qui s'angoissaient si leur enfant se mettait seul sur le ventre et qui passaient leur temps (et surtout leurs nuits !) à le remettre dans l'autre sens (y compris à des âges avancés genre 2 ans). Et c'est sans compter celles qui s'angoissent si la température de la chambre excède les 25 °C !

Reprenons les consignes et leurs raisons et ne paniquons pas : avec une gigoteuse (ou juste un pyjama s'il fait bon, ou body s'il fait très chaud, voire même juste en couche s'il fait très très chaud) et un matelas de bonne tenue, un bébé qui se tourne seul (donc qui est bien dans cette position) n'a pas de raison de ne pas pouvoir dormir sur le ventre comme des milliers d'enfants l'ont fait avant lui…

Cf. Chambre

Lochies (saignements post-acccouchement)

Christine, sage-femme

Après l'accouchement, l'utérus va, de façon naturelle, se contracter pour retrouver sa taille normale (en moyenne, il va passer de 32 à 6 cm et de 1 kg à 60 g environ !). Ces contractions vont provoquer des pertes de sang surtout dans les premiers jours post-accouchement. Ce phénomène va durer environ six semaines, avec une variation du débit et de la constitution des pertes (plus ou moins abondantes, plus ou moins claires).

En cas d'odeurs suspectes ou de présence de caillots importants, n'hésitez pas à consulter votre médecin.

Durant cette période, votre col de l'utérus n'est pas encore refermé : évitez bain et piscine.

Si vous avez eu une césarienne, vous aurez moins de pertes car le médecin « nettoie » l'utérus après l'intervention.

Si vous allaitez, vous aurez sans doute plus de pertes, mais moins longtemps, car l'utérus se contracte lors de l'allaitement et évacuera plus rapidement ce qui doit l'être ! On appelle ces contractions du terme barbare « les tranchées » – si elles sont douloureuses, demandez des calmants compatibles avec votre allaitement.

Cf. Césarienne, Épisiotomie, Fatigue

M/N

M/N

Mamelons

Christine, sage-femme

Par pitié, ne brossez par vos mamelons avec un gant de crin ou une brosse à dents quand vous êtes enceinte ! Vous me direz « Mais qui vous a suggéré que des femmes pouvaient faire une chose pareille ? » Eh bien figurez-vous que c'est un conseil de grand-mère qui circule et qui préparerait l'allaitement. Eh bien non ! Vous allez surtout vous abîmer les mamelons.

En revanche, si vous êtes rousse ou blonde, il y a des chances pour que vous ayez une peau plus sensible à la succion de votre enfant. Certains gestes peuvent vous faciliter l'allaitement.

Conseils

Pour toutes les mamans, la première chose à faire est de s'assurer que la bouche de votre bébé soit en face de votre mamelon et qu'il ne vous le tire pas vers le haut ou vers le bas.

Ensuite, il faut que ses lèvres soient mises autour de votre mamelon un peu à la manière d'un poisson.

Enfin, si sa lèvre supérieure est rentrée, il faut la soulever avec votre doigt afin de lui permettre de venir se poser sur votre mamelon.

Si votre mamelon est très sensible, prenez une téterelle (mamelon en silicone dont on « coiffe » son propre mamelon pendant la tétée pour le protéger pendant quelques jours).

À la fin de la tétée, n'oubliez pas d'introduire votre doigt dans la bouche de votre bébé pour le décoller de votre mamelon. Sinon, il risque de vous faire un suçon qui peut être douloureux ou le devenir.

Une fois bébé éloigné, prenez un peu de votre lait et massez votre mamelon avec. Cela aide la cicatrisation et aidera donc à diminuer la sensibilité avec le temps.

Il existe dans le commerce des tas de crèmes ad hoc, vous avez le choix. Certaines utilisent même de la gelée de coing, qui aurait des vertus apaisantes !

Cf. Allaitement, Crevasses, Engorgement

Médecin

Magali, maman

Un médecin se choisit pour soi et également pour son enfant.

C'est un allié précieux, en qui il faut avoir confiance et avec la philosophie duquel il faut être en accord. Si votre médecin est un adepte de l'antibiothérapie alors que vous pensez qu'il ne faut pas en abuser (ou inversement), il faut peut-être se demander s'il ne faut pas changer de praticien.

Je le dis car j'ai vu trop de mères dubitatives, pas convaincues, et qui du coup suivaient les prescriptions avec approximation, voire pas du tout. Ce n'est pas une solution.

En revanche, tâchez d'être le plus fiable possible dans vos observations et vos « comptesrendus ». Notez, mesurez, regardez l'heure. Ne dites pas à votre médecin « Je l'ai laissé pleurer deux heures » si en fait vous l'avez laissé deux minutes. Si vous voulez qu'il soit de bon conseil, qu'il vous aide, et comme son rôle, dans les premières semaines de vie, ne se résume pas à une intervention en cas de maladie – il y a des contrôles, des mesures, des vérifications de développement de votre enfant – donnez-lui des indications précises.

C'est le meilleur service que vous pouvez lui rendre, vous rendre et rendre à votre enfant.

Mobile

Christine, sage-femme

Un mobile est un jouet d'éveil. On le met souvent au-dessus du lit, mais c'est contre-productif ! Un bébé est comme vous, il a des cycles de sommeil. Il a besoin de calme pour s'endormir et non de stimuli du genre groupe de nounours en train de tourner joyeusement sur « l'Hymne à l'amour ». Si vous attirez son attention, il peut louper le train du sommeil et devoir attendre le cycle suivant pour s'endormir. Je parie qu'à 3 heures du matin, vous serez contente qu'il monte dans le train au plus vite !

L'endroit idéal pour l'installer, c'est au-dessus de la table à langer si vous le pouvez.

Il sera un moyen de distraction et de stimulation quand vous le changerez et vous évitera qu'il n'attrape tout ce qu'il voit autour de lui.

Le mobile doit être riche en couleurs, les couleurs douces sont jolies pour le décor mais inintéressantes pour votre enfant !

Soyez attentifs au volume sonore de certains mobiles, pensez-y au moment de l'achat, histoire que leur bruit ne devienne pas intolérable à l'usage.

Mouche-bébé

Christine, sage-femme

Un mouche-bébé manuel, c'est assez facile à décrire : un embout qui se met dans la narine de bébé, équipé d'un filtre (ou d'un compartiment pour y mettre un filtre ou du coton), un tuyau et un bout par lequel on aspire. Oui, on aspire. Techniquement, on va donc aspirer les sécrétions nasales avec son propre souffle. Certains mouche-bébés sont mécaniques (une poire fait vide d'air et aspire à votre place) ou même électriques.

Je ne peux que vous conseiller le mouche-bébé manuel, qui sera plus doux (votre souffle se module mieux) que n'importe quel autre. La technique est simple : vous mettez un peu de sérum physiologique dans la narine, vous tenez doucement votre bébé une main appuyée sur le torse, vous introduisez l'embout dans la narine et vous aspirez. Changez le filtre après avoir vidé le nez et nettoyez bien l'embout.

Ne faites pas plus de deux utilisations quotidiennes, car le fait d'aspirer assèche la narine et peut donc, si c'est fait trop souvent, stimuler les sécrétions. Le mouche-bébé ne s'utilise qu'en cas de rhume !

M/N

Magali, maman

La maternité vous fait repousser la frontière de pas mal de choses. Le mouche-bébé, au même titre que l'accouchement, le changement de couches et les régurgitations, fait partie de ces choses dont vous vous passeriez bien, mais avec lesquelles il faut faire quand on devient maman.

Et puis franchement, l'inconfort d'un bébé au nez bouché, qui pleure, qui mange mal (essayez donc si vous ne vous souvenez pas de votre dernier rhume, de boire du lait à la bouteille en vous pinçant le nez, vous verrez) est également très grand. Alors c'est dégoûtant, OK, mais ça vaut le coup !

Cf. Rhume

Muguet

Christine, sage-femme

Qu'est-ce que c'est ?

Vous voyez dans la bouche, sur sa langue, en dehors des tétées, quelque chose qui ressemble à du lait caillé ou des points blancs.

C'est une affection liée à un champignon.

Il faut aller consulter le pédiatre qui vous donnera une solution à badigeonner dans la bouche de votre enfant. Si vous allaitez au sein, vous devrez aussi être traitée.

Lavez chaque jour les tétines, sucettes ou objets en contact avec sa bouche avec de l'eau bouillante, ou désinfectez-les si vous êtes équipée.

NEIGE

Christine, sage-femme

La montagne est possible avec bébé jusqu'à environ 1500 mètres d'altitude mais en prenant certaines précautions.

Il faut penser à monter avec une sucette pour déboucher ses oreilles (cf. Avion) et à conduire en douceur dans les virages ! Pensez à marquer une ou deux pauses pour éviter une montée trop rapide. Et sauf si vous ne pouvez faire autrement, allez-y avec un bébé en bonne santé et ne souffrant pas déjà d'une affection ORL (type otite…).

En revanche, évitez le ski avec bébé et confiez-le à quelqu'un si vous voulez profiter des pistes. La seule activité physique que vous pouvez avoir avec votre bébé se résume à deux balades de 30 minutes par jour en milieu de journée.

Dotés d'un système de thermorégulation encore immature, les enfants de moins de 2 ans sont particulièrement sensibles au froid.

M/N

Si votre enfant devient pleurnichard ou au contraire inhabituellement calme, il se peut qu'il commence à avoir froid.

Les télésièges et téléphériques sont généralement peu recommandés, voire franchement interdits avec un bébé, car une montée rapide peut provoquer une lésion du tympan. Le personnel des remontées mécaniques est généralement apte à vous répondre selon l'altitude et la vitesse de l'équipement concerné.

Cf. Matériel pour Neige et Sports d'Hiver (dans les Annexes)

O

Ongles

Christine, sage-femme

On ne les coupe pas avant un mois.

Coupez les ongles après un repas, quand le bébé est calme.

Évitez de le faire après le bain, car les ongles sont encore plus mous que d'habitude.

Soit vous utilisez un coupe-ongles, soit des ciseaux à bouts ronds, selon ce que vous maîtrisez le mieux.

Prenez sa main dans la vôtre et laissez libre le doigt dont vous allez couper l'ongle. Coupez en prenant appui sur la pulpe. Coupez toujours droit, ne pas faites pas d'angles, idem pour les ongles des pieds.

Magali, maman

Personnellement, je pense que couper les ongles est un défi en soi, mais avec des ciseaux à bouts ronds, ça relève carrément de l'exploit. Mon choix a été très vite fait !

Organisation

Magali, maman

Notez, notez, notez !

Moi j'étais une femme plutôt (très) « dans le contrôle », et j'ai eu du mal à accepter de ne pas entièrement être aux commandes dans cette nouvelle aventure.

Les heures des repas pas encore fixes, les tétées qui s'enchaînent, sans compter la vie qui continue à côté. Bref, pour ne pas perdre le fil, j'ai noté ce qui se passait et me paraissait impor-

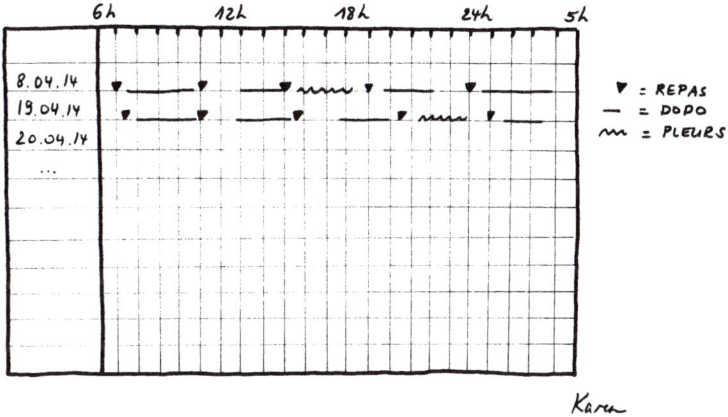

tant, jusqu'à ce que mon fils soit « calé » dans un rythme plus régulier. Si cela vous rassure, je vous conseille de faire de même.

1) Un cahier avec les heures des tétées (selles, urines, vomissements, durée du sommeil, on peut y ajouter tout ce qui paraît important à ne pas oublier) m'a bien aidée à avoir une idée du « schéma de la journée ». Cela paraît idiot, mais vous avez tellement la tête dedans que ça aide à lever le nez du guidon et à se dire « non, c'est pas la 27e tétée de la journée, c'est juste qu'il est 16 heures et que même s'il a eu l'air de diviser ses repas, en fait, la précédente tétée était bien à 12 heures et que c'est donc normal ». Un cahier de ce type aidera également, le cas échéant, la sage-femme ou le pédiatre qui vous suit. Pensez, au fur et à mesure, à y noter les questions qui vous viennent : vous les aurez sous les yeux lors des consultations !
2) Un calendrier avec les aliments introduits au moment de la diversification, fixé sur le frigo.

Bref, s'organiser un peu pour plus en profiter !

A B C D E F G H I J K L M N O P Q R S T U V W X Y Z

P

P

Perfection

Magali, maman

Il ne faut pas trop s'en mettre sur les bras !

Un enfant requiert pas mal d'énergie, de patience et de temps. Alors il faut se fixer des objectifs, des standards, des incontournables, mais pas non plus mettre la barre trop haut !

Tout est, comme souvent, question d'équilibre.

Je n'avais pas envie de ressembler à certaines mères qui ont tellement l'impression d'avoir déjà tout sacrifié sur l'autel de la maternité (« Avant, j'étais tranquille ») qu'elles ne donnent plus : changement de couches minimum, bébé en pyjama de jour comme de nuit, alimentation 100 % petits pots.

Mais c'est difficile, aussi, les mamans perfectionnistes, celles qui ne donnent jamais un petit pot (et qui vous regardent d'un drôle d'air si vous le faites) et qui se farcissent des heures de préparation de purées maison.

Ça va ! Si vous partez trois jours chez vos potes TRUC, vous pouvez peut-être donner un petit pot UNE FOIS à votre enfant ! Ou si vous pensez que les vacances sont l'occasion de cuisiner, alors donnez-lui un soir où vous rentrez tard. Et si vous pensez que vous devez vous faire pardonner d'être rentrée tard en lui faisant une purée d'artichauts à l'huile d'olive de Nyons première pression à froid… euh… calmez-vous ! Votre ennemi, c'est vous-même.

Bon, je ne me berce pas d'illusions : on prend du recul après (souvent à l'arrivée d'un autre enfant) et là on se rend compte qu'on a enduré des choses ou fait des choses particulièrement compliquées ou sollicitantes pour un résultat pas si fabuleux ! C'est ça, l'expérience, et pour avoir l'habitude, eh bien, il faut la prendre ! Et donc essuyer les plâtres… Mais si vous entendez ce conseil, gardez-le quelque part, dans votre tête... et lâchez un peu !

Cf. Aide, Baby blues, Dépression post-partum, Fatigue

Pleurs

Christine, sage-femme

Les pleurs sont à peu près le seul moyen de communication du nourrisson. Il peut donc pleurer pour beaucoup de raisons :

- J'ai faim (ou soif)
- Je ne suis pas à la bonne température
- J'ai mal quelque part
- J'ai besoin de câlins (besoin d'être rassuré)
- Je suis fatigué

L'affirmation selon laquelle les cris seraient bénéfiques au développement des poumons relève de la pensée commune, héritage d'orphelinats où, n'ayant pas le temps de s'occuper de tous les bébés, les nurses avaient trouvé ce motif comme parade. Cela est faux. Ne laissez pas votre bébé pleurer longtemps sans tenter d'en trouver la cause. Il ne vous manipule pas.

P

J'AI FAIM (OU SOIF)
JE NE SUIS PAS À LA BONNE TEMPÉRATURE
J'AI MAL QUELQUE PART
J'AI BESOIN DE CÂLINS
zzz...
JE SUIS FATIGUÉ
Karen

La seule chose c'est, s'il pleure a priori de fatigue, qu'il faut essayer de voir s'il s'endort et donc ne pas se précipiter pour le prendre dans les bras, faute de quoi il ne s'endormira pas.

Mais toutes les autres raisons nécessitant votre intervention, il n'est, je le redis, pas utile de le laisser hurler des heures. C'est éprouvant pour lui et pour vous !

Comment l'apaiser ?

Malheureusement, je n'ai pas de solution miracle !

Vous pouvez essayer (et observer les résultats pour reproduire ensuite) un certain nombre de choses :

- Proposez-lui un biberon ou le sein, on ne sait jamais, il peut avoir faim !
- Ou de l'eau, il peut avoir soif !
- Changez-le. En le changeant, vous pouvez mettre fin à son éventuel inconfort (rot coincé par exemple).
- Comparez la température de la pièce et son habillement. Il se peut qu'ils ne soient pas raccord !
- Essayez de le tenir dans des positions différentes pour voir si l'une ou l'autre lui conviendrait : position ventrale, position couchée, sur votre épaule, ou appuyé le ventre contre votre bras comme sur une branche, bras et jambes pendants.
- Bercez-le et marchez, le mouvement est apaisant car il lui rappelle vos mouvements quand il était dans votre ventre.
- Parlez-lui ou chantez-lui une chanson, faites-lui écouter de la musique.
- Donnez-lui la sucette ou votre doigt.
- Massez-le ou caressez-lui la tête.
- Mettez-le dans la poussette et partez vous promener.
- Couchez-le contre vous dans le noir et respirez tranquillement.

Si rien n'y fait, il se peut que votre enfant ait été trop stimulé et qu'il n'arrive plus à s'apaiser. Axez sur le calme et tamisez ou supprimez les lumières.

S'il baille, se frotte les yeux, il a sans doute sommeil : mettez-le au lit (ou dans la poussette, ou dans le porte-bébé ou équivalent) et laissez-le tenter de s'endormir.

Magali, maman

Ben oui, souvent, les bébés pleurent. Pas tous, pas tout le temps. Mais c'est un de leur mode d'expression et comme « claquer la porte » ou « raconter toute leur vie », ils ne savent pas encore, eh bien, ils pleurent.

Un vieux monsieur, exaspéré par mon fils hurlant dans le bus, m'a dit un jour que ses enfants à lui ne pleuraient pas. Et bien soyons clairs : ils devaient être en plastique.

Cf. Calme, Coliques, Confiance, Fatigue, Porte-bébé

Porte-bébé

Christine, sage-femme

Il existe des modèles différents, selon que vous préférez une écharpe de portage, un porte-bébé…

Essayez dans le magasin avec votre bébé pour voir si cela vous convient à vous (votre dos, votre taille…) ainsi qu'à votre bébé. Il faut impérativement être à l'aise, sinon vous ne l'utiliserez pas. Et il faut pouvoir le mettre seule, car vous n'aurez pas forcément quelqu'un sous la main pour vous aider à faire les nœuds ou à régler toutes les attaches !

Un conseil encore : si vous choisissez un porte-bébé, pensez bien à tenir la tête de votre enfant quand vous vous penchez.

Un bébé que je connais, mal attaché, a fini sur le trottoir…

Et puis un avis : durant les premiers mois, laissez votre bébé face à vous dans votre porte-bébé. Il aura le temps de découvrir le monde par la suite mais, si petit, il a surtout besoin de votre chaleur, de votre odeur et de moins de stimulations que celles de ce monde infini…

Magali, maman

Franchement, un porte-bébé, c'est très pratique, même si objectivement, vous n'allez pas l'utiliser très longtemps, car dès que le bébé pèse un peu, c'est vraiment trop lourd.

Mais dans les premiers mois, cela permet de se balader sans poussette, avec les mains libres (et vous verrez, c'est comme le piano debout pour France Gall, pour une maman, les deux mains libres, ça veut dire beaucoup !) y compris dans la maison. Et puis c'est magique, au chaud contre maman, il dort souvent !

Ceci étant, écharpe ou porte-bébé, c'est vous qui savez. Moi, l'écharpe, c'était exclu, je me voyais bien, au choix, soit emmêlée dedans jusqu'à la fin de mes jours, soit avec un bébé tombé par terre d'avoir tiré sur le mauvais nœud ! Le porte-bébé, avec mousquetons, c'était beaucoup mieux pour moi ! Mais les spécialistes affirment que l'écharpe fait moins mal au dos et qu'on l'utilise donc plus longtemps.

Pouce

Christine, sage-femme

Nous vous laissons choisir (cf. Sucette). Une fois le choix fait, si vous optez pour le pouce, juste une chose : ne lui mettez pas de gants ! Il cherchera son pouce et ne le trouvera pas, ce qui est très frustrant et cause bien des cris… et est donc totalement contre-productif !

Cf. Emmailloter, Sucette

Poussette

Christine, sage-femme

Voici un sujet qui devrait vous occuper de longues heures !

Conseils
Trois roues, quatre roues, avec nacelle, deuxième âge… bienvenue dans le monde du choix !

Pour vous aider (un peu):

- Mesurez votre ascenseur ainsi que le coffre de votre voiture…
- Prenez une poussette adaptée ou adaptable à votre taille, votre dos vous remerciera!
- Vérifiez que le matelas ne soit pas trop fin, surtout si vous avez la bougeotte et que vous comptez passer de longues heures en balade avec votre bébé tout neuf. Et sinon, prenez-en un supplémentaire!
- La nacelle doit être suffisamment grande pour accueillir votre bébé durant les trois premiers mois.
- Même si les réglementations diffèrent, il vaut mieux éviter les systèmes permettant de voyager avec la nacelle. Votre bébé sera plus en sécurité dans un siège auto adapté à son âge.
- Regardez les roues de votre poussette et choisissez en fonction de votre terrain habituel: en ville, à la campagne, exposé à la neige…

R

Reflux

Christine, sage-femme

Vous avez affaire à des reflux lorsque du liquide de l'estomac remonte vers l'œsophage. On parle de reflux gastro-œsophagien. Le phénomène est courant chez les bébés, car le clapet qui ferme l'estomac est court et ne fonctionne pas encore forcément très bien. Le lait a donc tendance à remonter facilement.

Le lait du reflux est caillé et a une odeur âcre. Les reflux peuvent être inconfortables pour votre bébé.

Observez-le. Si les remontées le font grimacer, s'il pleure beaucoup quand on l'allonge, s'il se cambre en arrière, s'il donne l'impression de mâcher du chewing-gum, il convient d'en parler avec votre pédiatre.

Cf. Régurgitations

Régurgitations

Christine, sage-femme

On parle de régurgitations dans le cas où votre enfant a un rot accompagné d'une petite quantité de lait.

Lorsque cela se produit dans la demi-heure qui suit, c'est normal.

Première hypothèse, votre bébé a tété très vite. Dans ce cas, après cinq minutes de tétée, il convient de l'arrêter et de lui faire faire un rot. Il se peut également que votre lait coule vite en début de tétée. Dans ce cas, mettez votre bébé au sein puis positionnez-vous en arrière dans votre fauteuil, ce qui va atténuer le phénomène d'arrivée trop rapide du lait dans sa bouche (cf. Sein pour voir les différentes positions).

Si vous allaitez au biberon, changez la vitesse de la tétine en démarrant par la plus lente en début de tétée (ou remettez-lui une tétine à petit débit selon les modèles de biberon).

Certains bébés ont des régurgitations très importantes. Il existe des laits « antirégurgitations », qui sont plus épais et « tiennent » dans l'estomac. Attention tout de même, si vous changez de lait, à bien observer si ce lait est adapté et si votre bébé est à l'aise. Si cela vous rassure, parlez-en à votre pédiatre.

En cas de douleurs, il peut y avoir des reflux gastro-œsophagiens. Il convient alors de consulter votre pédiatre qui saura vous conseiller.

Magali, maman

Sinon, que faire ? Pas grand-chose. Votre bébé va vivre avec une bavette autour du cou pendant ses premières semaines de vie et vous avec des langes pour lui essuyer le coin de la bouche toutes les cinq minutes. Pensez juste à enlever la bavette quand vous prenez des photos !

Cf. Reflux

R

Repas

Magali, maman

Jusqu'au 6e mois, en gros (votre pédiatre en parlera avec vous, mais c'est la tendance), les repas du bébé, c'est du lait: maternel ou en poudre (cf. Allaitement). À partir de 6 mois, on diversifie progressivement en introduisant des aliments solides (cf. Diversification alimentaire). Et entre 12 et 18 mois, après quelques mois de « purées découvertes » (moi je faisais des mélanges que je préparais à l'avance et congelais en les baptisant pour m'y retrouver: « poitate » (poireaux-pommes de terre) ou « saunouil » (saumon-fenouil) ou « Caranave » (carotte-navets)...), bébé devrait manger la même chose que vous, version un peu plus découpée et moins épicée...

Cf. Alimentation, Diversification alimentaire, Lait, Tétées

Réunions de famille

Christine, sage-femme

C'est autour des fêtes de fin d'année que je reçois le plus d'appels : « Je n'en peux plus, bébé pleure, on doit voir mille personnes, ma belle-mère me regarde de travers, etc. »

Votre bébé est sensible : il sent les tensions qui opèrent durant les fêtes. Il sent votre appréhension, le fait que vous ne vous réjouissiez pas de voir les cousins TRUCS, votre belle-sœur parfaite et que vous n'ayez pas envie d'entendre des commentaires à son sujet et sur votre façon d'être avec lui.

Prenez-en conscience. Sachez que cela est très fréquent.

Utilisez les recommandations du corps médical pour vous protéger : dites par exemple que votre pédiatre préconise de ne pas le passer de bras en bras quand il dort ou va s'endormir.

Nourrissez-le au calme, dans une pièce sans personne et demandez à quelqu'un de veiller sur votre sommeil si vous faites la sieste après : on peut bien se passer de vous un peu !

Magali, maman

Les tensions sortiront fréquemment en fin de journée, au moment du coucher, qui coïncide avec les moments de repas où tout le monde est là ! C'est ainsi. Au moment où vous voudriez justement qu'il dorme tranquille, il y a des chances qu'il se mette en colère et que cela dure !

On a toutes connu la phrase balbutiée de la jeune maman : « Je ne sais pas ce qu'il a, d'habitude, il ne fait jamais ça » et les sourires un peu ironiques de belle-maman ou de la vieille tante Simone qui vous disent « Mais laisse-le donc pleurer, il veut les bras, c'est un caprice» ou pire «Tu le prends trop, c'est pour ça qu'il pleure quand tu le laisses».

Relax. Souriez, assumez votre rôle de mère «ventouse», c'est à ce moment-là que votre enfant a besoin de vous, et la plus calme possible.

Et avant d'aller dans les réunions de famille de ce genre, faites le point avec votre conjoint : faites-lui part de vos craintes, demandez-lui de ne pas laisser impunis les commentaires déplacés. Il n'est pas d'accord, il trouve que vous êtes trop sensible ? Admettez-le, mais dites-lui de le faire quand même, car c'est important !

Cf. Belle-mère, Calme, Confiance, Conjoint

Rhume

Christine, sage-femme

Phénomène fréquent chez les enfants !

En cas de rhume bien installé, il y a des chances que votre bébé ne mange que peu : avec le nez bouché, pas question d'avaler des quantités énormes de nourriture !

Faites d'ailleurs attention si vous êtes en plein «réglage» et que vous pensiez que certains horaires ou certaines quantités de lait étaient acquis : un rhume peut tout remettre en question. Mais seulement momentanément !

Pensez à surélever le matelas (une serviette glissée entre matelas et sommier ou, encore mieux, deux livres sous les pieds du lit – ceux du côté de sa tête ! Vous voulez lui soulever la tête, pas les pieds !) : il pourra mieux respirer et cela aide à déboucher le nez (idéalement, sa tête devrait être surélevée de 45°).

Mettez des gouttes de sérum physiologique dans chaque narine et utilisez le mouche-bébé (cf. Mouche-bébé).

Les éternuements ne doivent pas vous inquiéter: c'est un phénomène naturel, votre enfant se mouche tout seul.

Cf. Fièvre, Mouche-bébé, Sérum physiologique

Rituels

Magali, maman

Les bébés ont, comme nous mais puissance 10, horreur du changement. Ou plutôt, ils aiment que les choses soient prévisibles !

Les rituels sont donc primordiaux et des bébés ritualisés sont des bébés confiants. La même petite chanson au moment de se mettre en pyjama ou, quand il sera plus grand, l'histoire au moment du coucher, sont autant de signaux, de codes et donc de guides pour l'enfant qui va se « caler » autour d'eux.

Juste une chose : introduisez des rituels qui ne vous « enfermeront » pas. Si vous avez tendance, le soir, à manquer de patience, l'histoire que vous devrez lire n'est peut-être pas une bonne idée. Un gros câlin peut suffire. Ne vous retrouvez pas à mal vivre des rituels que vous avez introduits et donc à les faire avec déplaisir ou à les abandonner sans transition.

Et si vous les abandonnez, justement, ne le faites pas brutalement. Vous ne chanterez plus de chanson le soir quand bébé aura 18 ans, mais ce n'est pas une raison pour arrêter du jour au lendemain !

R

Rot

Christine, sage-femme

LE rot ! La chose avec laquelle toute personne associe un bébé !

Le rot, c'est une sortie d'air en provenance de l'estomac lié à l'ingestion d'air durant la tétée. On fait faire le rot à la fin du repas car, s'il n'est pas fait, cela est souvent synonyme d'inconfort, donc de bébé qui pleure.

Nous vous conseillons de changer bébé au milieu de son repas (après le premier sein ou à la moitié du biberon) afin de permettre, par le changement de position, un rot. Il existe d'autres techniques. À vous d'essayer ce qui fonctionne le mieux pour vous et pour votre bébé !

1) Vous pouvez le mettre sur votre épaule, avec un linge pour vous protéger.
2) Vous pouvez également le mettre face à vous, debout ou assis, en le tenant par les aisselles avec vos pouces et index, les autres doigts tenant sa nuque.

Pensez bien que plus votre bébé est droit, plus l'air peut sortir facilement.

S'il ne fait pas de rot après 5 minutes, couchez-le en laissant sa tête surélevée un petit peu. Il se peut qu'il pleure dans l'heure qui va suivre. Prenez-le, mettez-le sur votre épaule et il y a de fortes chances qu'il fasse son rot. Vous pourrez alors le recoucher normalement.

Et surtout, ne soyez pas obnubilée par le rot : certains bébés en font systématiquement, d'autres pas ou très peu. Ne pensez pas qu'il est dangereux pour lui de ne pas le faire ! C'est simplement inconfortable donc susceptible d'interrompre son sommeil si le rot n'est pas fait avant qu'il s'endorme.

RYTHME

Magali, maman

Si j'osais, je dirais que le véritable apprentissage de bébé, c'est celui du rythme nouveau qui l'entoure. Il faut dormir la nuit, moins dormir le jour et manger à heures régulières, en gros quatre fois par jour.

Ça, c'est l'objectif. Il semble bien loin, l'objectif, quand on accouche d'un bébé qui mange six à huit fois par jour, et semble plus réveillé la nuit que la journée !

Pour y arriver, deux recommandations : on favorise et on fait confiance.

Pour favoriser

Le jour, on parle normalement, on tamise la lumière pour les siestes, mais sans faire le noir complet par exemple.

La nuit, lumière douce et chuchotement sont de rigueur.

Pour les repas, on fournit (oui, parfois, on a l'impression qu'on tient plus du réfrigérateur que de la maman !) et on observe : l'enfant devrait se caler gentiment mais sûrement.

Peut-être y aura-t-il des réglages à faire ; donner un peu plus tôt à manger si on sent qu'il est fatigué (plutôt que de le laisser dormir et qu'il se décale de deux heures). Mais ne forçons rien et ayons confiance : nous mangeons tous plus ou moins dans les mêmes créneaux, pas de raison que bébé n'y arrive pas !

Cf. Confiance

S

Sein (mise au sein)

Christine, sage-femme

La mise en place de l'allaitement est beaucoup une affaire de préparation et de patience. Une fois mis en place, tout sera bien plus simple, il faut donc aussi avoir confiance !

Ne tournons pas autour du pot, cela peut tenir du défi de mettre un bébé correctement au sein, surtout quand il a faim. Ne tardez donc pas trop quand les premiers signes de faim se font sentir !

Pour la même raison (et pour celle développée dans le chapitre Change), ne changez pas bébé avant la tétée mais plutôt « entre deux seins ». Il sera plus calme.

Quelle que soit la position choisie, assurez-vous qu'il prenne en bouche une grande partie de la partie brune de votre mamelon (aréole). Sa lèvre supérieure devra remonter vers son nez et sa lèvre inférieure devra être repliée vers le menton.

Vérifiez que le nez soit bien dégagé de votre sein. Si ce n'est pas le cas, exercez sur votre sein une légère pression avec un doigt pour dégager le nez.

La force de succion peut vous surprendre au début. Si cela vous fait mal, c'est sans doute que bébé est mal positionné. Dans ce cas, retirez-lui le sein en mettant votre doigt dans sa bouche au niveau de la commissure des lèvres et en décollant votre mamelon (comme vous le feriez avec une ventouse). Repositionnez-le.

Les premiers mouvements de succion sont courts et rapides car ils permettent de stimuler l'arrivée du lait. Quand le lait arrive en bouche, les mouvements seront plus lents, plus profonds et plus réguliers. Ses oreilles, sa mâchoire bougent, il avale en faisant des petits bruits. Bravo, c'est réussi !

LES POSITIONS

Voici maintenant un descriptif des différentes positions. Elles sont plus faciles à exécuter qu'à expliquer !

Au début, n'hésitez pas à changer de position souvent : vos mamelons ne sont pas encore habitués à leur nouvelle fonction. Le changement de position leur permettra de ne pas être sollicités toujours de la même façon, et d'atténuer ou d'éviter les douleurs. Soyez également attentive à votre bébé : par exemple, un bébé qui « boit la tasse » durant la tétée peut être confronté à un débit trop important. Le changer de position (en l'occurrence la position dite « à califourchon ») peut l'aider à gérer le débit.

De façon générale, pensez bien, en position assise, à avoir les pieds qui touchent le sol (cela évite les problèmes de nerf sciatique) et les épaules bien appuyées sur un dossier. Au besoin, pensez à vous munir d'un marchepied ou d'un pouf.

Dans une ambiance la plus sereine possible (ce n'est pas toujours facile, c'est vrai !), installez-vous avec un grand verre d'eau à proximité (vous pourrez potentiellement avoir très soif durant l'allaitement). Vous devez vraiment chercher, avant de démarrer, à être dans le plus grand confort possible.

Au début, peu importe par quel sein vous commencez, faites au plus confortable (par exemple, les droitières vont préférer commencer par le sein gauche en position classique). Ensuite, vous passerez au deuxième sein en inversant la position.

Une fois l'allaitement commencé, démarrez toujours avec le sein par lequel vous avez fini la tétée précédente. Pourquoi ? Parce que bébé tète très fort le premier sein et le vide généralement entièrement, alors qu'il va téter moins fort le deuxième et souvent moins longtemps (donc il ne le vide pas

S

systématiquement). Or il est important d'avoir une bonne stimulation des deux seins pour que la production de lait se maintienne ! Il convient donc de bien alterner.

Comment faire pour vous en souvenir ? Prise de notes ou « trucs » : un chouchou ou élastique autour du poignet est un bon aide-mémoire par exemple, mais il y en a plein d'autres !

La position classique ou berceuse

C'est la position la plus connue car c'est la plus pratique à adopter partout !

Calez-vous assise le plus confortablement possible (oui, j'insiste). Si vous en avez un, vous pouvez installer un coussin d'allaitement autour de votre taille pour détendre vos épaules. Sinon, utilisez des coussins comme accoudoir, l'effet sera le même.

Prenez votre bébé dans vos bras. Si vous êtes droitière et que vous commencez par le sein gauche, maintenez sa tête dans votre main droite et de votre main gauche, soutenez votre sein avec votre pouce sur le dessus et tous les autres doigts en dessous.

Approchez votre bébé de votre mamelon avec votre main droite : il doit être bien en face. Quand il est « accroché », ramenez votre bras gauche sous lui de façon à ce que sa tête soit au creux de votre coude et votre main gauche sous lui en soutien. Son ventre doit idéalement être contre le vôtre.

La position « rugby »

Elle permet de mieux stimuler votre bébé quand celui-ci a tendance à s'endormir. En effet, dans cette position, son visage est moins « enfoui » dans votre sein, le bébé a donc plus d'air frais et moins de douce chaleur maternelle propice à l'endormissement ! Par ailleurs, cette position vous laisse une main libre avec laquelle vous pouvez aller stimuler son réflexe de succion (en le caressant de la commissure des lèvres jusqu'à la tempe, c'est ce qu'il y a généralement de plus efficace).

Toujours partant de la position assise : pour lui donner le sein droit, prenez votre bébé dans votre bras droit, sa tête maintenue dans la paume de votre main droite. Vous allez en quelque sorte « prendre votre bébé sous votre bras », c'est-à-dire le placer contre votre hanche. Son ventre doit toucher cette dernière. Il est maintenu à la bonne hauteur par le ou les coussins. Une fois positionné, votre bras droit soutien sa nuque et votre bras gauche est libre (quand vous donnez le sein droit, ensuite, c'est l'inverse).

La position couchée

C'est une position agréable pendant la nuit, sans doute un peu difficile au début de l'allaitement au sein car on ne voit pas bien la position des lèvres du bébé sur le mamelon.

Pour lui donner le sein gauche, vous êtes allongée sur votre côté gauche (ensuite, vous ferez l'inverse). Idéalement, surélevez votre tête avec un coussin pour pouvoir regarder votre bébé sans vous faire un torticolis. Si vous avez un coussin d'allaitement, placez-le dans votre dos avec la fin du U entre vos jambes : vous serez ainsi la plus droite possible ! Bébé est allongé sur son côté droit, tout contre vous, vous faisant face. Vérifiez qu'il soit bien face à votre mamelon : s'il n'est pas à la bonne hauteur, mettez un coussin ou un linge plié sous lui pour le surélever.

Maintenez votre sein avec votre main droite et entourez votre bébé avec le bras gauche pour soutenir son dos et le maintenir proche de vous (il faut éviter les tiraillements du mamelon).

A B C D E F G H I J K L M N O P Q R S T U V W X Y Z

La position à califourchon

C'est une position intéressante si votre lait coule un peu vite pour votre bébé. Il sera plus facile pour lui de réguler le flux de lait dans sa bouche.

Vous asseoir. Oui, oui, confortablement. Asseoir votre bébé à califourchon sur votre genou (droit pour le sein droit, gauche pour le sein gauche, l'idée est qu'il soit face à vous) en tenant d'une main sa tête et de l'autre votre sein. Lorsqu'il est bien accroché, maintenez Bébé avec vos deux mains.

Nous l'avons dit : la mise au sein peut-être délicate. N'hésitez surtout pas à vous faire aider par une sage-femme ou à demander conseil afin de ne pas devoir y renoncer si c'était votre envie.

cf. Allaitement, Crevasses, Engorgement, Lait, Tétées

Selles

Magali, maman

J'ai honte de le dire, mais les selles vont devenir un vrai sujet de conversation ! « Est-ce qu'il a fait aujourd'hui ? », « Oui, il a fait deux fois ! », « C'était mou ? », « Ça sent mauvais ! »…

Figurez-vous que ça s'observe, les selles, et ça se commente…

S'il y en a beaucoup et souvent, normalement, pas d'inquiétudes. Le seul hic, c'est qu'il faut changer les bébés au même rythme !

S'il n'y en a pas, pas d'inquiétudes non plus, surtout lorsqu'ils sont petits, il faut patienter (cf. Constipation) : il y a souvent peu de déchets, bébé assimilant parfaitement le lait, surtout maternel.

La couleur varie selon le type d'alimentation (une préposée à l'allaitement m'a dit, lors de mon premier accouchement, que grâce à mon lait, mon bébé aurait des selles « d'un beau jaune bouton d'or » – sic. Comme quoi on peut mettre de la poésie dans n'importe quoi !) : jaune pour les bébés allaités au sein, vert pour ceux qui le sont au biberon (le lait maternisé contient du fer, qui vcrdit).

Il y a des couleurs qui doivent vous alerter, notamment les couleurs très pâles, blanchâtres. N'hésitez pas à aller voir votre pédiatre avec la couche coupable. C'est dégoûtant, mais au moins, on voit de quoi vous voulez parler !

La texture « très molle » ne doit pas inquiéter : il faudra attendre, pour que ça prenne de la consistance, les premières introductions d'aliments solides. Mais enfin, comme souvent, la règle c'est qu'il n'y en a pas : ma fille faisait des crottes, des vraies, alors qu'elle n'avait que 6 semaines (et que je promets que je ne lui donnais pas de saucisses à cet âge !)... Et elle allait très bien !

Avant de clore ce chapitre, toute maman qui se respecte doit avertir ses coreligionnaires : il existe des « énormes cacas remontants ». Un jour, sans doute (et si pas, tant mieux pour vous, vous ne perdez rien), vous trouverez votre enfant baignant dans un caca énorme, qui aura débordé de partout et même jusque dans le dos, voire le cou. Oui, ça arrive. C'est une amie qui m'avait avertie, je n'ai donc pas été surprise.

Si vous le voyez sortir en direct, vous vous demanderez longtemps comment une telle quantité peut provenir d'un si petit être.

Sinon, vous ne pourrez que constater les dégâts. Pas de quartier: enfant dans la baignoire (ou le lavabo s'il est assez grand... Le problème c'est surtout de savoir par où l'attraper et comment se débarrasser de ça au plus vite) et body à la poubelle (espérant pour vous que ce jour-là, vous n'avez pas choisi de lui mettre la grenouillère en cachemire offerte par Tante Agathe).

C'est un moment difficile, mais rien que de savoir qu'on y passe toutes et tous ou presque, c'est comme la thérapie de groupe, ça aide!

Cf. Change, Constipation, Selles

Sérum physiologique

Christine, sage-femme

Le «sérum phy» sert à beaucoup de choses: nettoyage des yeux, nettoyage du nez. Vous verrez, vous en consommerez des quantités assez impressionnantes. Vous pouvez l'acheter en bouteille, mais le plus pratique (et le plus répandu), c'est la monodose. Facile à transporter avec soi partout, elle fait partie de toute pharmacie qui se respecte.

Cf. Pharmacie de base (dans les Annexes), Rhume

S

Sevrage

Christine, sage-femme

Le sevrage est une grande étape, pour vous comme pour votre bébé.

Afin que cela se passe le plus sereinement possible, je vous conseille de le programmer sur environ trois semaines, afin d'éviter les problèmes d'engorgement et de laisser à bébé suffisamment de temps pour s'habituer à un nouveau mode de succion et à un nouveau lait. Certains médecins sont d'avis d'introduire des biberons espacés dès l'âge d'un mois afin d'anticiper le sevrage dans les meilleures conditions.

Sachez qu'il est normal d'hésiter : pour certaines mères, cesser d'être la seule personne nourricière est difficile. Par ailleurs, le caractère irréversible (si j'arrête, le lait ne reviendra plus) du sevrage est compliqué à gérer.

En préambule, il faut donc être décidée et communiquer cette décision à votre bébé ! Votre détermination est gage de succès dans la transition. J'ai trop vu des mamans « pas au clair » et donc aborder le sevrage en disant « J'essaye de sevrer afin de retourner travailler mais (comme je n'en ai pas envie) s'il ne prend pas le biberon, je serai obligée de prolonger mon congé maternité ».

Dans les grandes lignes, voici la technique à adopter :

1) Si votre bébé n'a jamais eu de tétine en bouche, laissez-le jouer avec la tétine de son biberon sans liquide pour qu'il s'y acclimate.
2) Le premier biberon devrait idéalement être donné par quelqu'un d'autre que vous – et vous hors de la pièce. C'est important car s'il sent votre présence (et votre lait), il y a de fortes chances qu'il refuse le biberon tout net !

3) Si votre bébé refuse le lait en poudre, donnez des biberons constitués d'un tiers de lait en poudre et de deux tiers de votre lait et augmentez progressivement les proportions jusqu'à ne plus donner que le lait en poudre.
4) Commencez par introduire une tétée au biberon (celle de l'après-midi par exemple), soit directement au lait en poudre, soit avec votre lait, soit en faisant le mélange des deux, selon les cas.
5) Si vous sentez que vos seins se tendent entre les tétées, videz-les soit au tire-lait soit via la méthode du verre d'eau (cf. Tire-lait, Engorgement), mais pas totalement (sinon, vous continuez de stimuler et vous n'arrêterez pas la production). Veillez simplement à être confortable, à ne plus sentir cette tension.

Après quelques jours, vous pourrez remplacer un deuxième repas (mais espacez : si vous avez commencé par la tétée de l'après-midi, ne faites pas celle du soir. Préférez celle du matin, comme cela vous aurez un allaitement au sein à midi.). Faites les choses progressivement dans votre intérêt : si vous sautez deux tétées d'affilée, vous risquez l'engorgement.

Choisissez les tétées que vous voulez garder : certaines mamans préfèrent celle du matin, tranquillement dans le lit, d'autres celles du soir… Tout cela est affaire de goût et d'habitude !

Si vous devez sevrer brutalement :

- Extrayez votre lait pour diminuer la tension de vos seins, mais ne les videz pas totalement. Buvez 1,5 litre de thé de menthe ou de sauge.
- Vous trouverez dans le commerce des produits ad hoc (homéopathie par exemple).

- En cas de besoin, adressez-vous à votre gynécologue, qui pourra vous prescrire des médicaments plus forts.

Pensez à palper vos seins régulièrement pendant cette période afin d'éviter les engorgements.

Cf. Engorgement, Tire-lait

Siège auto

Magali, maman

Bienvenue dans le monde de la puériculture, du choix, des objets coûteux ! Les sièges bébés sont, comme la poussette, l'illustration de votre entrée dans ce monde merveilleux !

Vous trouverez sans peine de la documentation ad hoc et à jour. On ne va pas essayer ici de vous dire ce qu'il en est.

Mais en dehors de toutes considérations marchandes et surtout réglementaires, pensez à votre enfant quand vous ferez cette acquisition. Bien sûr, ces mesures de sécurité paraissent démesurées eu égard à ce que faisait la génération précédente. Mais bon, autres temps, autres mœurs. Donc pas de petites économies, prenez des produits de qualité, c'est de sécurité dont il est question !

Par ailleurs, les fabricants disent qu'il ne faut pas laisser bébé dans les sièges auto durant de longues heures. Cela a pour but d'éviter que les parents n'achètent QUE le siège auto en se disant que ça fait à la fois transat, tapis d'éveil, balancelle, voire chaise haute… ! Or cela provoque parfois l'effet inverse : les parents n'osent pas faire des trajets en voiture de peur de laisser leur enfant trop longtemps.

Soyons claires !

Bien sûr que si vous faites deux heures de route, vous pouvez le mettre dedans et qu'il ne va rien lui arriver. Et que si vous devez faire un trajet long, il sera interrompu par des arrêts durant lesquels vous allez sortir bébé de son siège.

Mais il ne saurait être question de laisser bébé toute la journée dans un siège auto sans faire de trajet !

Un bébé, pour se développer, doit, dans ses premières semaines, alterner les positions fréquemment : allongé bien à plat, dans les bras, dans un transat pour appréhender son environnement… ne pas faire toujours la même chose, en somme !

Sommeil

Magali, maman

Comme souvent, ici, pas de règles absolues, mais tout de même de grandes tendances !

Un bébé de quelques jours dort beaucoup surtout la journée (vous allez vous demander pourquoi les oiseaux de mauvais augure vous ont dit que ça allait être dur… Patientez, vers 6 semaines, vous allez trouver le temps long et les nuits courtes !), mange et se rendort. Les phases d'éveil sont courtes. Elles vont aller en s'allongeant, mais en gardant le principe, en gros, d'un dodo de durée variable après chaque repas.

Donc, diminution de la fréquence des repas (avec le temps et l'augmentation de leur volume) = diminution du nombre de dodos (et du coup la durée s'allonge). Vous suivez ?

Quand il sera bien calé (quatre repas et une nuit complète), il dormira en gros au milieu de la matinée puis dans l'après-midi (idéalement avant le goûter, mais… ça dépend !).

La qualité du sommeil dépend elle aussi de chaque enfant :

sensibilité au bruit, à la lumière… Observez, vous devriez être assez vite fixée.

Et la durée des nuits peut aussi être variable, mais en gros, un enfant fait le « tour du cadran » soit douze heures : un peu plus (le mien dormait 14 heures, si, si), un peu moins (pas de bol !).

En revanche, le genre « 5 heures du matin », je me réveille et je me rendors (dans le lit des parents la plupart du temps parce qu'ils sont venus me chercher derechef) est peut être le signe d'un cycle de sommeil qui s'interrompt. C'est une problématique qu'il convient de gérer (le laisser un peu pleurer le temps de voir s'il se rendort, le prendre avec soi puis le remettre dans son lit, il y a différentes possibilités). Si cela perdure (il n'existe pas de maladies ou de douleurs qui se déclenchent toutes les 24 heures à heure fixe), il faut sans doute en parler avec votre médecin pour éviter que s'installe un vrai trouble du sommeil (ou plutôt un trouble du réveil).

Ah, encore une chose : ne réveillez pas un enfant qui dort sauf si le corps médical vous le demande pour des raisons de santé. Surtout pour lui donner à manger à 23 heures afin d'éviter le biberon de 2 heures du matin. D'abord, ce n'est pas sympa. Vous aimeriez être réveillée en pleine nuit et qu'on vous serve un plat de lasagnes ? Ensuite, si cela marchait et leur faisait faire leur nuit plus vite, aux enfants, ça se saurait. Ça va vous éviter un biberon, OK. Et vous prendrez les dix autres dans la figure à des heures imprévisibles. Pour un peu, vous l'aurez décalé, ce sera pire.

J'ai toujours cru au respect mutuel : vous respectez leur sommeil, ils respecteront le vôtre. Et s'ils ne le font pas, au moins, vous n'aurez rien à vous reprocher !

Les enfants tout petits, c'est comme des rivières : il ne faut pas trop les remonter à contre-courant, on se fatigue. Il sera toujours temps de réguler le débit de la rivière par la suite !

Cf. Dormir (ou non) avec bébé

Sorties

Christine, sage-femme

Sortez, sortez, sortez ! Un bébé qui sort est un bébé qui dort, alors plutôt que de vous demander comment diable vous allez le faire dormir, sortez ! Et puis cela vous fera tous les biens à vous également.

Équipez-vous pour faire face, en cas de mauvais temps, de nécessité de change ou de sortie qui dure plus longtemps que prévu (cf. Liste Sac à langer).

Vous pouvez sortir dès votre retour de la maternité, par tous les temps, tout de suite, mais juste un conseil : évitez les foules (bus bondés, métro aux heures de pointe…). Votre enfant a tout le temps de se trouver en contact avec les miasmes de la vie en collectivité !

Cf. Liste Sac à Langer (dans les Annexes)

S

Souvenirs

Magali, maman

Question pratique liée à la vie avec bébé : mais que faire de tous les petits souvenirs qu'on aimerait garder (ou qu'on n'ose pas jeter !), mais dont franchement on ne sait pas quoi faire ? C'est Christine (décidément !) qui m'a filé le tuyau, mais plus en tant que Maman qu'en tant que sage-femme. Alors je l'écris, mais lui en laisse la maternité : mettez tout dans une jolie boite avec son nom dessus. Il pourra replonger dedans un jour, et pour vous ce sera rangé et centralisé !

Bracelet de naissance, cartes de félicitations, pancarte de la maternité avec son poids de naissance et votre numéro de chambre… Bref, tous ces trucs qui ne vont pas dans un album (celui que vous ferez quand vous en aurez le temps !) mais qu'il serait trop triste de jeter, même si franchement, on se demande bien à quoi ça va servir. Ben, à se souvenir, pardi !

Stérilisation (des mains)

Magali, maman

Depuis les différentes épidémies de grippe de tous poils (ou de toutes plumes), l'hygiène des mains est au centre de toutes les préoccupations.

Vous trouverez sans problème des produits de formules différentes, avec ou sans eau, et dans tous les formats (pratiques pour se balader avec par exemple). Attention aux peaux sensibles, en général, cela abîme les mains.

Et rappelons cette chose essentielle : la désinfection de mains sales, c'est idiot.

On lave très bien au savon – rien de tel – et si on veut, on désinfecte ensuite.

Et si on a très bien lavé et qu'on ne désinfecte pas, eh bien cela suffit !

Cf. Biberon

Sucette / Tétine / Lolette (ou pouce)

Christine, sage-femme

Les nouveau-nés n'ont pas tous besoin d'une sucette ou de leur pouce. N'insistez pas s'ils rejettent la sucette et ne vous inquiétez pas s'ils ne prennent pas le pouce !

Magali, maman

Là, comme souvent, il va falloir faire un choix.

Soit la sucette, que l'on donne tout de suite ou presque, qui tombe, que l'on doit remettre (notamment la nuit) parce qu'elle est tombée, mais qu'on devrait pouvoir enlever plus vite à son enfant quand on le désire (enfin, j'ai vu le fils d'une amie prendre son pouce le jour où, à 4 ans, on lui a enlevé la sucette ; donc de nouveau, la règle...).

Soit le pouce, qu'ils mettent en gros 2-3 mois à trouver (avant, les poings ont tendance à se serrer, trop dur de détacher les doigts de façon systématique), qu'ils trouvent et retrouvent tout seuls, mais qu'on ne peut pas couper le jour où on veut qu'ils arrêtent (parce que, comme souvent, on voulait qu'ils fassent un truc et après, on voudrait qu'ils arrêtent... C'est un peu fou, des parents).

Donc après, c'est une question de philosophie, de choix esthétique, d'expérience de copines, de tête de votre belle-mère quand vous avez dit le mot « sucette ».

Dans les critères décisionnels, je pensais qu'il y avait la déformation de la dentition, mais apparemment, si j'ai bien compris, elle n'est pas liée au « support » sucé (pouce ou tétine) mais à une tendance génétique à déformer son palais. Voyez avec votre pédiatre le cas échéant !

Cf. Pouce

T

T

Tabac

Christine, sage-femme

Le tabagisme passif est un facteur aggravant de toutes sortes d'affections, de l'asthme aux bronchiolites… Par égard pour votre enfant, faites au moins en sorte que personne ne fume dans la maison ou dans les pièces de vie de l'enfant.

Si vous êtes fumeuse et ne souhaitez pas/ne pouvez pas arrêter, pas question ici de vous culpabiliser. Mais, pour faire les choses en toute connaissance de cause, il faut savoir que :

- Durant la grossesse, la nicotine passe à travers le placenta. Toute diminution de votre consommation de tabac sera donc déjà bénéfique.
- Durant l'allaitement au sein, la nicotine passe dans le lait. Toute diminution sera donc également déjà bénéfique.
- Comme pour l'alcool, si vous fumez en allaitant au sein, espacez consommation et tétée du maximum de temps possible.

Je vous recommande d'en parler en toute transparence avec votre médecin, il pourra vous fournir aide, support et conseils.

Magali, maman

Je le dis sans fierté mais sans honte : j'ai fumé toute ma première grossesse. Il faut dire que j'étais une grosse fumeuse (plus d'un paquet par jour). Lorsque ma gynécologue a confirmé ma grossesse, j'ai expliqué la situation et elle a été claire : le mieux, c'est d'arrêter, si ça se fait sans peine. Si c'est trop dur (et que cela entraîne stress, angoisse, manque…), il vaut mieux continuer mais limiter : je m'en suis tenue à 3-5 cigarettes par jour.

Table à langer

Christine, sage-femme

Les chutes depuis la table à langer ne sont pas un mythe. Dans l'idéal, choisissez un modèle avec des côtés surélevés pour empêcher Bébé de « rouler ». Ne le laissez pas seul, et si possible, gardez une main posée sur lui. Ayez le transat à proximité si une urgence vous obligeait à le laisser ou n'hésitez pas à le poser par terre sur un tapis (si vous n'avez pas d'animal domestique !).

Luxe de précautions ? Non, croyez-moi !

Cf. Chambre, Matériel pour la Chambre (dans les Annexes)

Taches

Magali, maman

Une maman, même en devenir, se transforme souvent en « un truc qui se tache ».

J'ai su que j'étais enceinte avant de faire le test : je m'étais tachée alors que cela ne m'arrive jamais ! Cela a duré 8 mois et n'a fait qu'empirer au fur et à mesure de mon changement de dimensions…

J'ai nourri l'espoir que l'accouchement allait me libérer de cette nouveauté mal venue.

Pas du tout !

Avec un bébé, c'est pire… Régurgitations sur l'épaule, pipi sur le chemisier, caca sur les chaussures… La vie avec un bébé, c'est beaucoup, beaucoup, beaucoup de taches !

Protégez-vous, mettez des langes partout, des boîtes de

mouchoirs dans chaque pièce, des cotons sur les zizis des garçons, des tabliers quand vous le changez... Et assumez !

« Vous avez une tache, Madame » ! « Mais évidemment, je suis Maman ! ».

Cf. Change, Lavage des habits

Tapis d'éveil

Christine, sage-femme

En règle générale, les tapis sont trop fins !

Au choix, soit vous posez le tapis sur le lit de bébé, soit vous posez le tapis sur de la moquette, une couverture, un tapis de gym...

Vous pouvez l'habituer progressivement à ce nouvel espace, mais commencez par de courtes durées. Il s'y intéressera (un peu !) autour du premier mois.

Pensez à acheter un tapis doté de couleurs et matières variées.

Cf. Jouets

Tétées

Christine, sage-femme

Le mécanisme de la tétée doit ici être rappelé : lorsque votre bébé tête, il stimule votre hypophyse, qui va produire deux hormones : la prolactine (pour la production de lait) et l'ocytocine (qui fait jaillir le lait).

Information importante

Quand vous êtes stressée, votre taux d'adrénaline augmente et « coupe » l'information de l'ocytocine. Résultat ? Votre sein est plein de lait, mais il ne s'écoule pas !

Votre bébé va se mettre à pleurer car il tète dans le vide. Et je suis prête à parier qu'il se trouvera dans votre entourage une personne bien intentionnée pour vous dire « Tu n'as pas assez de lait » ou « Ton lait n'est pas assez riche ». De quoi vous stresser encore plus !

La production est également liée à la quantité de liquide que vous prenez : pensez donc à boire suffisamment d'eau et/ou de tisanes, y compris pendant la tétée si vous avez soif.

Le lait est produit en plus grande quantité en début de journée et diminue entre 17 heures et 21 heures. Bizarrement, c'est l'heure à laquelle Bébé va demander le plus à manger ! Je sais qu'on a envie de souffler, de se restaurer et que l'horaire tombe mal. Mais pas de panique, cela ne dure pas : Bébé espacera bientôt les tétées !

Règles d'or

- L'allaitement obéit à la loi de l'offre et de la demande. Plus Bébé mange, plus vous avez de lait (cf. Sevrage).
- Allaitez seule ou avec des gens qui vous apaisent : le stress nuit à l'allaitement !

- S'il fait le « pivert » (cf. Faim), donnez-lui à manger, même s'il a pris les deux seins, même s'il vous semblait qu'il avait sommeil : il peut lui manquer un « dessert » !

Pensez à votre bébé en pensant à vous : mangez-vous la même quantité à chaque repas ? Avez-vous toujours une faim identique ?

Durée de la tétée

Chaque enfant est différent, il n'y a donc pas de raison qu'il y ait de règle. Sachez cependant, pour s'y retrouver, que :

- Vous devez l'entendre déglutir car tant qu'il déglutit, il mange ! Comme nous ne sommes pas contorsionnistes, il existe des trucs pour le savoir : si vous l'observez, vous pourrez par exemple voir ses oreilles bouger ; sinon, vous pouvez poser un doigt sur sa tempe et si vous pouvez sentir ses mandibules bouger, c'est qu'il mange !
- Si votre bébé ne tète pas correctement, il aura des fossettes (sauf si c'est génétique). S'il mâchouille votre mamelon, ne le laissez pas faire, votre sein n'est pas une sucette ! (Cf. Mamelon)

Lorsqu'il lâche le sein ou ferme les lèvres, en général, c'est un signal d'arrêt de la tétée.

Encore une chose : il y a des périodes de poussées de croissance, qui durent environ 24 à 48 heures, durant lesquelles votre bébé demande à manger toutes les deux heures. Elles se situent en général aux alentours de 2, 6 et 12 semaines. Cela ne veut pas dire que votre bébé va prendre 4 cm en deux jours ni que l'augmentation du rythme des tétées doit vous inquiéter !

Mais, par ce biais, il stimule la sécrétion lactée afin que le lait s'adapte à ses besoins changeants.

Magali, maman

Il s'agit ici surtout de parler de durée, de volume et fréquence. J'ai bien conscience que pour celles qui vont allaiter au sein, le volume est une donnée inconnue ! Mais le principe reste le même.

En termes de fréquence

Dans un nombre largement majoritaire de cas, votre bébé va pleurer pour demander à manger. Parfois ce sera pour autre chose, mais dans les premières semaines de vie, c'est surtout pour cela. La réponse à donner, quand on se demande bien ce qui se passe, c'est d'abord le sein ou le biberon.

Vous entendrez : « Halte là, malheureuse ! À trop lui donner à manger vous allez lui dilater l'estomac ! » Le Dr Philippe Grandsenne vous dira mieux que moi que la dilatation de l'estomac est un mythe. Votre enfant sait instinctivement ce dont il a besoin dans ses premières semaines de vie. Si, par hasard, vous vous êtes trompée et qu'il n'avait pas faim, il va s'arrêter très vite.

En revanche, cela vous permettra de contourner bien des obstacles. Par exemple, si Bébé s'est endormi sur son repas sans faire son rot, il peut se réveiller, gêné par celui-ci et, une fois le rot fait, pleurer car il a en fait encore un peu faim. Si vous tenez compte d'une fréquence minimum (on vous aura certainement dit à la maternité qu'il faut espacer les repas d'au moins trois heures !), vous allez donc serrer les dents pendant environ deux heures le temps qu'on soit à la « fréquence minimum ».

J'ai vu une amie bercer, l'air désemparé, sa fille hurlante pendant 45 minutes et me disant « elle a faim, mais j'attends 16 heures car elle a mangé à 12 heures ».

À mon sens, c'est bien inutile. On espacera quand Bébé sera assez grand pour que la faim chez lui ne soit pas une souffrance ! Car on voit bien nos bébés de quelques semaines dormir comme des anges et se réveiller d'un coup en hululant, totalement affamés ! Pourquoi les faire souffrir inutilement ? Pour les régler ? Mais ce ne sont pas des horloges ! On leur donne un rythme indicatif, on n'est pas à la minute près ! Si vous croyez que cela va changer quelque chose de donner à manger à 15 h 35 ou à 16 heures… Rassurez-vous, ce n'est pas le cas !

En termes de durée

Cela rejoint la notion de fréquence. Une tétée commencée à 12 heures, qui s'arrête à 12 h 20 avec un bébé qui s'endort, puis qui se réveille à 13 heures et qui a visiblement faim, ce n'est pas deux tétées à une heure d'intervalle : c'est la même qui dure très longtemps, car elle est interrompue par quelque chose.

À nouveau, ne vous mettez pas dans un carcan horaire. Oui, certains bébés mangent lentement, oui, certains aiment s'arrêter, oui, certains dorment. Bref. Il est déjà assez mouvant, le rythme, sans que vous tâchiez de le contraindre en y ajoutant des règles très fixes les premiers temps. Croyez-moi, vous aurez votre dose de rôle éducatif par la suite, inutile de s'y mettre maintenant !

En termes de volume

Bon, là, pour les mamans qui nourrissent au sein, désolée, vous avez perdu le contrôle tout de suite ! Mais vous avez de la chance, car vous qui enviez les mamans qui donnent le biberon, sachez que les millilitres de lait sont une vraie source d'angoisse dans les biberons gradués !

Moi, il y a une chose que je n'ai jamais comprise, c'est

comment les fabricants de lait savent ce dont a besoin mon bébé le 31 octobre de l'an 12.

Je m'explique. Statistiquement, ils savent qu'un bébé de 2 mois mange grosso modo 150 ml de lait. Ça, ce sont des courbes statistiques générales.

Si votre bébé est un gros mangeur, il va manger plus, si c'est un petit mangeur, moins. CQFD.

Sauf que, dans la réalité, les mamans de petits mangeurs pleurent en disant « Il ne mange pas assez » et insistent alors que Bébé a visiblement fini.

Et que les mamans de gros mangeurs, à la fois contentes et un peu angoissées par le potentiel « enfant obèse » (si, si, il y a des mères qui s'angoissent sur l'obésité de leurs enfants dès le premier jour), lui disent « C'est fini ».

Eh quoi ? La faim de votre bébé coïnciderait exactement avec la fin de son biberon ? Votre bébé n'aurait pas le droit d'être différent de son voisin ?

Par ailleurs, doit-on manger tous les jours la même chose ? N'a-t-on pas le droit d'avoir faim à un repas et pas faim à un autre ?

Alors s'il vous plaît, référez-vous au tableau des volumes recommandés, mais n'en faites pas une règle. Si bébé ne finit pas, tant pis, il mangera mieux au prochain repas. Et s'il finit, donnez-lui un supplément ! À ces petits âges, ils savent très bien ce dont ils ont besoin, et s'arrêteront une fois leur faim satisfaite, sans gourmandise.

À titre d'information, j'ai vu mon fils, aux alentours de 3-4 mois, boire des biberons de 370 ml. J'étais choquée par de telles quantités, mais j'ai laissé faire : il n'a jamais été au-dessus de la courbe de poids.

Donc en gros, donnez de la liberté à Bébé. Acceptez qu'il soit différent de votre neveu au même âge, ou du bébé idéal décrit sur le site MACHIN. Acceptez qu'il mange peu ou beaucoup, car cela n'a pas d'incidence à ce jeune âge. Car après tout, il existe, il est là, avec déjà ses traits de caractère et un peu de personnalité, non ?

Et si l'absence de contrôle vous pèse ou que vous êtes angoissée par ce qui se passe : notez (cf. Organisation, Rythme). Vous pourrez d'abord voir la tendance sur une journée complète, voire sur la semaine, et surtout, vous vous souviendrez sans être parasitée par la fatigue et l'inquiétude, qui jouent de sales tours. Et si vous souhaitez en parler avec votre pédiatre, et bien au moins, vous lui montrerez des heures et des volumes, précis, lui permettant de se faire une opinion (parfois, les médecins ne croient pas les mères, qui ont, il est vrai, tendance à exagérer ! Objectiver l'information donnée par des chiffres est donc une bonne chose pour tout le monde !).

Cf. Allaitement, Faim, Mamelons, Organisation, Rythme, Sevrage

TIRE-LAIT

Christine, sage-femme

Ne l'achetez pas avant d'avoir bébé et de voir comment cela se passe.

Si vous tirez votre lait plus d'une fois par semaine, ne le prenez pas manuel, car vous risquez la tendinite (d'ailleurs, vous la risquez quand même, demandez à Magali, quatre mois de tire-lait même électrique, à hauteur de quatre heures par jour, elle n'y a pas échappé).

Positionnez-le comme il faut, le mamelon bien au milieu de l'embout. Vérifiez avec votre pharmacien, si l'embout ne vous convient pas, il peut en exister des modèles plus larges.

Pour ce qui est de « constituer des stocks de lait » pour le cas où vous auriez besoin de vous absenter et de répondre à la question « quand le tirer », pas de réponse unique. Si vous avez beaucoup de lait, vous pourrez le faire n'importe quand ou presque. Si votre bébé est dans un processus de réglage et qu'il commence à étendre les plages horaires entre deux tétées, parfait, vous pourrez le faire environ une heure après la tétée et vous aurez toujours du lait pour son prochain repas. En revanche, et surtout dans les tout premiers jours, difficile de connaître son rythme et la crainte sera évidemment de ne « plus en avoir assez » pour le cas où il demanderait à manger une heure avant l'heure que vous aviez prévue ! Eh oui, le rythme des bébés dans les premières semaines est un mystère parfois difficile à sonder !

Donc avant de vous lancer dans une gymnastique horaire incroyable et de vous angoisser, soyez sûre que le fait de tirer votre lait soit tout à fait indispensable. Quand vous serez plus à l'aise, mieux rodée, ce sera une formalité, nous ne pouvons que vous conseiller de ne pas vous ajouter de la difficulté à ce stade.

Magali, maman

Quatre mois à donner mon lait sans mettre mon enfant au sein, je suis, sans me vanter, une spécialiste du tire-lait !

Bon, du coup, j'avais investi dans un modèle électrique, le *must* de cet objet ô combien glamour ! Il faut reconnaître que, quel que soit son modèle, c'est pratique, et même indispensable quand vous allaitez au sein et que 1) vous avez du lait en suffisance et envie de constituer des stocks pour plus tard, pour un biberon relais (mais avec votre lait), pour un voyage ou autre absence ; 2) vous avez beaucoup de lait et un bébé qui dort bien, donc besoin d'éviter les engorgements.

Pensez à le nettoyer aussi soigneusement que possible, le lait maternel est un milieu fragile !

Au besoin, si vous avez tiré du lait et que malheureusement bébé veut manger, vous pourrez toujours lui donner ce que vous avez tiré dans un biberon. Et puis ne négligez pas le lait en poudre, qui peut vous dépanner d'un ou deux repas pour vous permettre de « prendre deux tétées d'avance » et de constituer vos réserves sereinement.

Il ne faut pas négliger non plus le lait en poudre si, pour une raison ou pour une autre, vous n'avez pas beaucoup/plus de lait. Quand je suis rentrée de la maternité, moi qui avais beaucoup de lait, pfffuit, plus rien ! Grosse panique, enfant qui hurle, mari perdu, maman qui pleure. Je me suis mise à tirer comme une frénétique un sein vide pendant les quatre heures suivantes. Rien. Enfant qui hurle de plus belle, mari qui lorgne sur la porte de sortie, maman qui se demande bien pourquoi elle s'est mise dans cette galère. Mais rien. Enfin, si… dix pauvres millilitres de lait aussitôt tirés, aussitôt avalés. Et bébé de rehurler !

Au final, on a fait un biberon ; 60 ml de lait en poudre ont calé bébé, qui s'est endormi. Je me suis fait une tisane, j'ai respiré. Et deux heures plus tard, le lait était de retour et j'ai pu tirer de quoi faire le repas suivant ! Donc ne restez pas dans l'impasse ou la difficulté : même si vous avez décidé de pratiquer un allaitement au sein, l'exception qui peut vous donner du confort et vous permettre de continuer cet allaitement sereinement et longtemps est à garder en tête !

Cf. Allaitement, Engorgement, Lait, Sevrage

Transat

Christine, sage-femme

Idéalement, il faudrait que le transat ait au moins trois positions : assis, semi-assis et couché.

Bébé peut commencer à y aller autour de son premier mois, et il n'y restera pas plus de 30 minutes les premiers temps.

Certains modèles ont des mouvements de balançoire : à éviter après les repas… C'est dangereux pour vos tapis et vos murs ! (Cf. Vomi)

Magali, maman

Il existe des modèles à la hauteur de Maman. Cela prend une place considérable, mais c'est assez commode pour votre dos. Si vous avez des fragilités de ce côté-là, pensez-y ! Le transat est un objet fort utile, surtout entre 1 et 9 mois en gros (dépendant du développement de votre enfant). Il est notamment très pratique pour que votre enfant « vous tienne compagnie », ce qui est bien agréable.

Donc si utilisation intensive = confort à privilégier !

Cf. Vomi

T

Tremblements

Christine, sage-femme

Votre bébé peut avoir des tremblements du menton, des lèvres ou des membres. Vous pouvez les constater souvent après un bain, lors de la tétée ou quand vous le changez. Ce sont des manifestations liées à l'immaturité de son système nerveux. C'est normal et cela passera après quelques semaines.

U/V/Y

U/V/Y

Urines

Christine, sage-femme

Le change permet de vérifier que votre bébé urine en suffisance, et c'est un indicateur important en cas de maladie avec fièvre et de forte chaleur (cf. Change).

Petit truc concernant les bébés garçons : le pipi des garçons est sauteur ! Mettez un grand carré de coton à démaquiller sur le pénis pendant le change, cela vous évitera les accidents.

Cf. Change

Vaccins

Christine, sage-femme

C'est un choix personnel, en dehors des obligations légales. Moi, je suis claire : en tant que Maman, je n'étais pas prête à assumer que mon enfant soit atteint voire meure d'une affection pour laquelle il existe des vaccins. Après, je sais bien que tout se discute : qualité et composition des vaccins, intérêt de la protection, valeur de l'immunité, validité des vaccins, statistiques des effets secondaires…

Discutez-en avec votre pédiatre. Votre enfant, lui, n'a pas de choix à faire.

Une chose également : un vaccin a des conséquences. Votre enfant peut avoir un peu de fièvre (le pédiatre vous dira ce qui peut se passer et quoi lui donner le cas échéant), le nez qui coule, dormir peu, dormir beaucoup, manger peu ou carrément sauter un repas. Donc pas d'affolement en cas de changement de comportement dans la proximité d'un vaccin. Il y a de grandes chances que cela ne dure que le temps de son assimilation.

Cf. Fièvre

Vitamine D

Christine, sage-femme

C'est le défi des parents : penser à donner la vitamine D tous les jours ! Le seul conseil que je puisse vous donner, c'est d'installer une routine pour cela.

Choisissez une tétée (celle du matin, celle du soir…).

Donnez-lui la vitamine avant qu'il mange : soit à la cuillère (en la retournant sur sa langue et en « l'essuyant » dessus, c'est le plus efficace), soit en la mettant directement dans le biberon (il n'aura sans doute pas la totalité des unités nécessaires, mais c'est déjà mieux que d'oublier) ou encore sur la tétine ou sur l'aréole avant de lui mettre en bouche.

Vomi

Christine, sage-femme

Si les vomissements sont répétés ou s'accompagnent de diarrhée, fièvre ou sont consécutifs à une chute, il convient de consulter en urgence.

Magali, maman

La première fois que mon bébé m'a vomi dessus, outre le fait que 1) ça surprend et 2) c'est assez dégoûtant tout de même il faut le dire, je me suis surtout inquiétée. Je l'ai regardé sous toutes les coutures, fièvre, apparition de boutons suspects… Bref, j'étais prête à débarquer aux urgences. Mais rien. Un bébé tout sourire qui fait comme si de rien n'était, qui n'est pas tout vert comme une soupe d'épinards…

Donc soyez prudente, certes, mais sachez qu'un bébé, parfois, ça vomit (et souvent en jet, de surcroît). Trop de lait, un pantalon serré, un jeu un peu violent pour son bidon tout plein (les Conjoints qui jouent à saute-sur-mon-ventre juste après un repas)… Mille et une raisons qui ne sont pas liées à une maladie !

Cf. Lavage des habits, Taches

Vulve

Christine, sage-femme

Un bébé fille peut avoir, juste après la naissance, des pertes blanches ou du sang sortant de son vagin. C'est dû à un passage d'hormones durant la grossesse. Ce n'est pas grave et il n'y a rien de particulier à faire, à part un change soigneux.

Cf. Change

Yeux

Christine, sage-femme

Il est normal que votre bébé louche. Vous pourrez le constater surtout après le repas ou s'il est fatigué.

Votre bébé entraîne ses muscles et nerf optique à faire le point. Si cela dure plusieurs semaines, parlez-en à votre pédiatre, il recommandera peut-être un rendez-vous avec un ophtalmologue : plus le problème est pris tôt, mieux c'est ! Mais sachez qu'un bébé peut loucher (sans constance) jusqu'à 6 mois, donc si le pédiatre ne fait rien, c'est qu'il n'y a rien à faire !

En ce qui concerne la couleur des yeux, elle est généralement d'un bleu-gris indéfinissable et prendra sa teinte définitive entre 6 mois et un an.

Les larmes apparaissent en règle générale vers trois ou quatre semaines.

Cf. Conjonctivite

Conclusion

Voilà. Le Guide se termine.

Nous espérons qu'il est, a été, sera, le compagnon que nous avons imaginé. Un référent, un appui, qui rassure, de façon simple et accessible et dans lequel on pioche à loisir !

Parce qu'on n'a pas tous la chance d'avoir une sage-femme qui vous tient la main dans ces premiers jours. Parce qu'il n'y a pas forcément toujours quelqu'un de disponible. Et parce qu'on n'a pas toujours envie de conseils intrusifs ou de la présence de celui ou celle qui les donne.

Il y aura certainement des mots à ajouter pour l'enrichir, mais nous nous sommes tenues à ceux qui avaient marqué nos parcours personnels ou professionnels. Faites-nous signe, envoyez des messages, venez nous voir ! Il n'y a rien de tel que de cheminer ensemble pour le faire plus sereinement.

Rejoignez-nous sur Facebook ! : Le guide (très pratique) de la Sage-Maman

Parentez-bien !

Les Sages-Mamans
Christine & Magali

Message à l'attention du Papa

L'aventure commence aussi pour vous ! Inutile de vous dire que tout ne sera pas « un long fleuve tranquille ». Mais pour éviter que cela remue trop, vous avez votre rôle à jouer, d'aide, d'écoute et de modération.

Voilà une synthèse, les « grandes lignes » qui nous paraissent importantes :

- **Faites-vous confiance**, même si vous pensez que la maman est plus « qualifiée » que vous. Bien sûr, elle passe plus de temps que vous avec le bébé, mais certaines choses marcheront avec vous et pas avec elle. C'est ainsi ! Et puis, elle a aussi parfois « la tête dans le guidon » : votre distance est un atout pour sortir de certaines situations dans lesquelles elle n'est pas forcément clairvoyante.
- **Prenez votre place** : c'est votre rôle d'aider la maman à rester femme. Et puis un enfant a besoin de ses deux parents car si le lien Maman-Enfant est unique, le lien Papa-Enfant est primordial : les jeux et les enjeux sont différents !
- **Prenez de la distance**. Si la Maman n'en peut plus et que bébé pleure pile à l'heure ou vous rentrez vous-même totalement épuisé de votre journée de travail, n'en voulez à personne, ils ne le font pas exprès ! Prenez une grande respiration et aidez tout ce petit monde à se calmer (sortez, parlez du temps qu'il fait, écoutez, souriez !).
- Pour faciliter la vie de tout le monde, essayez d'**organiser les choses** avec la Maman : indiquez votre heure de retour et respectez-la (on ne vous surveille pas, c'est juste pour ne pas vous attendre et perdre espoir !), demandez ce que vous pouvez faire pour l'aider, écoutez la Maman car elle a vraisemblablement passé une journée en tête à tête avec bébé et qu'elle a besoin d'avoir une vraie conversation !

Même si votre rôle dans l'intendance de la maison est d'ordinaire limité, essayez dans cette période particulière (et assez courte, elle dure en gros un mois) d'en faire un peu plus. Cela évitera bien des crises et des conflits.

- **Soyez vigilant**. Si votre femme pleure beaucoup, angoisse, dort mal, n'a plus goût à rien, s'énerve pour un rien, ne sort pas ou tout autre signe inhabituel, allez chercher de l'aide. Cela n'est pas forcément inquiétant les premiers jours, mais si la situation s'installe, ce peut être le signe d'un état dépressif (état lié à l'accouchement).
- **Apprenez la patience**. Quelques conjoints se plaignent du « désert aride » de la vie sexuelle durant la grossesse et la période post-accouchement. Certes. Il faut savoir qu'après un accouchement, une femme à des saignements vaginaux pendant six à huit semaines, une grosse fatigue, des douleurs, des inquiétudes, des kilos en trop et des hormones qui chamboulent. Tout cela n'est pas très propice aux galipettes ! Sa féminité est mise à rude épreuve et même si vous la trouvez désirable, ce n'est pas son cas ! Elle a besoin de temps, de compliments et de tendresse. Tout viendra à point...

Il y aurait sans doute beaucoup plus à dire. Mais l'essentiel est à vivre ! Et même si vous avez du mal à parler, forcez-vous un peu. Parents, amis ou professionnels peuvent vous aider à mieux comprendre ce qui se joue. C'est une période tout à fait unique dans une vie mais pas toujours simple. Courage !

Les Sages-Mamans

PS : Nous comprenons que vous n'ayez pas le temps, le courage ou l'envie de lire tout le Guide. Ceci dit, pour le bien de tous, nous vous invitons à lire a minima les chapitres : Angoisses vespérales, Baby blues, Belle-mère, Calme, Dépression post-partum, Fatigue, Inconnu, Pleurs, Rythme, Sommeil.

Bibliographie

Institut National de Santé publique du Québec, « Mieux vivre avec votre enfant de la naissance à deux ans. Guide pratique pour les mères et les pères », 2007.

GRANDSENNE, Philippe, « Bébé, dis-moi qui tu es », Éditions Marabout, 2013 (réédition).

GASQUET (de) Bernadette, « Bien-être et maternité », Albin Michel, 2009.

THIRION, Marie et CHALLAMEL, Marie-Josèphe, « Le sommeil, le rêve et l'enfant », Albin Michel, 2011.

GALLETO-LACOUR, Annick et GERVAIX, Alain, « Allô Docteur : mon enfant est malade ! », Éditions Médecine & Hygiène, 2006.

Annexes

Les listes « pense-bête » commentées et autres documents utiles

Liste pour la Maternité
Liste des Habits
Matériel pour la chambre de Bébé
Matériel pour le Bain
Sac à Langer
Pharmacie de Base
Pense-bête Vacances ou Week-End
Liste pour voyage en Voiture
Liste de voyage en Avion
Matériel de Vacances d'Été
Pharmacie de Vacances d'Été
Matériel pour Neige et Sports d'Hiver

Liste pour la Maternité

Maman

- ☐ Un brumisateur
- ☐ Une chemise de nuit, ou pyjama avec ouverture devant (si vous allaitez) ou pantalon matière sweat-shirt et t-shirt si vous préférez.
- ☐ Une robe de chambre (si vous n'aimez pas être en pyjama)
- ☐ Une tenue « civilisée » (pour aller boire un verre avec vos visiteurs)
- ☐ Des chaussettes si vous êtes frileuse (très utile pour la salle d'accouchement)
- ☐ Un ou deux soutiens-gorge (prenez une taille de plus que votre taille de seins à 37 semaines)
- ☐ Des habits pour sortir de l'hôpital (vous allez dégonfler, mais ne soyez pas trop optimiste, prenez quand même vos habits de grossesse des premiers temps, ou des habits larges, ou gardez ceux de la fin de grossesse mais prévoyez une ceinture)
- ☐ Un carnet pour noter (les tétées, les cadeaux reçus, votre journal de bord…)
- ☐ Une montre ou un réveil
- ☐ Des bonbons à sucer (haleine fraîche)

Conjoint

- ☐ Appareil photo ou téléphone même fonction, voire caméra. Il s'agit d'immortaliser les premières minutes du plus beau bébé du monde ! Pensez à vérifier les batteries ou à prendre le chargeur – il faut aussi vérifier qu'il y ait une carte mémoire et qu'elle ne soit pas pleine.
- ☐ Documents utiles pour l'admission à la maternité
- ☐ Monnaie pour le distributeur de boissons (surtout si départ de nuit !)

Bébé

- ☐ Un body (taille 0-1 ou taille 3 mois, vous verrez en fonction de sa taille à la naissance)
- ☐ Une jolie tenue de sortie, taille selon le bébé et chaleur en fonction de la saison
- ☐ Un gilet ou cardigan en laine ou coton, selon la saison
- ☐ Un bonnet en laine ou coton, selon la saison
- ☐ Une couverture en laine ou coton, selon la saison
- ☐ Un siège bébé ad hoc pour la voiture (regardez les instructions d'installation et d'utilisation **avant la sortie** !)

Nous vous conseillons de vérifier avec votre lieu d'accouchement ce qu'il fournit et ce avec quoi vous devez venir. Les politiques des établissements sont différentes d'un lieu à l'autre.

***

Liste des Habits

Pour commencer sa nouvelle vie, idéalement, votre bébé aura besoin de :

- ☐ 5 à 6 bodies (ouverture par-devant, c'est quand même plus simple quand on n'a pas l'habitude)
- ☐ 4-5 paires de chaussettes (vérifiez qu'elles tiennent avant d'acheter la collection, toutes les marques ne se valent pas)
- ☐ 5 à 6 pyjamas à pieds (coton l'été, velours l'hiver) mais sans collerette, car elle risque de gêner bébé et de provoquer un réflexe de succion. Prenez des pyjamas qui se boutonnent par les jambes et pas sur les fesses, c'est plus facile pour le change

Hors de toute considération « style de bébé », vous pourrez prévoir :

- ☐ 1 gilet ou cardigan ou veste
- ☐ 1 gigoteuse ou surpyjama (même fonction – cf. Gigoteuse). Pensez à en prendre une autre en cas de vomi, de caca remontant ou de chute de liquide intempestive !
- ☐ 1 bonnet en laine ou en coton selon la saison (idéalement avec des attaches sous le menton sinon vous risquez de le retrouver sur les yeux !)
- ☐ 1 paire de moufles pour l'hiver (vous pouvez opter pour les gants, nous vous souhaitons bonne chance pour les enfiler – et là, pas de technique !)
- ☐ 1 combinaison chaude pour l'hiver (surtout si vous vous promenez en porte-bébé)

***

Matériel pour la chambre de Bébé

- ☐ Lit
- ☐ Armoire à vêtements
- ☐ Table à langer
- ☐ Poubelle (pas besoin de la prendre « spéciale couche », c'est onéreux et avec de petits sacs plastiques, on évite les odeurs déplaisantes)
- ☐ « Babyphone » (si votre maison est grande ou si ça vous rassure ou si vous voyagez) (cf. Babyphone)
- ☐ Veilleuse
- ☐ Lumière avec variateur
- ☐ Mobile
- ☐ Transat
- ☐ Tapis d'éveil

Pour le lit

- ☐ 2 draps-housses pour le matelas
- ☐ 1 alèse
- ☐ 1 serviette éponge pour confectionner un « cale bébé » (cf. Lit)
- ☐ Des langes (utiles pour ne pas avoir à changer les draps trop souvent : à positionner au niveau de la tête, bien à plat)

***

Matériel pour le Bain

- ☐ Body
- ☐ Pyjama
- ☐ Couche
- ☐ Coton-tige (pour les soins du cordon)
- ☐ Alcool (pour les soins du cordon)
- ☐ Coton à démaquiller (pour sécher les oreilles ou faire les soins des yeux)
- ☐ Onguent gras pour les fesses (si sensible)
- ☐ Brosse à cheveux
- ☐ Shampoing et savon nettoyant adapté (éventuellement lait d'avoine ou savon surgras)
- ☐ Serviette éponge

***

Sac à Langer

- ☐ 2-3 couches de rechange
- ☐ Un paquet de lingettes et/ou un paquet de mouchoirs
- ☐ Des petits sacs plastiques pour jeter les couches très odorantes (sinon on vous déteste quand vous partez, même si ce sont des amis)
- ☐ Un lange (qui sert à tout: nettoyer les résidus de lait, protéger le pull quand vous prenez votre enfant sur l'épaule, etc.)
- ☐ Une tenue de rechange (un body, un pyjama, très pratique si besoin impératif de change ou si vous prolongez la sortie: bébé sera prêt à être mis au lit au retour)
- ☐ Sucette de rechange si bébé en utilise une
- ☐ Un tapis à langer jetable ou une petite serviette en éponge pour changer bébé sur un lit (ou dans une station-service toute sale, ou dans le coffre de votre voiture)
- ☐ Une bouteille d'eau
- ☐ Votre lait en poudre déjà dosé (pour deux biberons comme ça vous êtes tranquille)
- ☐ Un biberon (même si vous allaitez, pour l'eau)
- ☐ Un jouet de petite taille
- ☐ Un désinfectant pour les mains si vous en utilisez

Pas besoin de pharmacie particulière mais faites selon « sa période »: s'il fait ses dents, prenez des crèmes ou granules pour les douleurs dentaires; s'il commence à ramper partout, prenez de l'arnica!

Et en période de diversification, pensez « petits pots tout prêts » qui ne nécessitent pas de réfrigération.

Si vous êtes aux débuts de la diversification, donnez-lui du lait : c'est plus simple pour vous et pas grave pour lui ! Il va y venir aux aliments solides !

***

Pharmacie de Base

- ☐ Ciseaux
- ☐ Coton
- ☐ Coupe-ongles ou ciseaux à bouts ronds (cf. Ongles)
- ☐ Crème contre les irritations installées des fesses
- ☐ Crème ou granules à base d'arnica (pour les chocs)
- ☐ Crème ou onguent gras pour protéger la peau des fesses lors du change
- ☐ Crème pour soulager les piqûres d'insectes ou les brûlures
- ☐ Crème solaire spéciale enfants (toujours privilégier l'ombre et les manches longues et éviter les heures les plus chaudes)
- ☐ Désinfectant en spray ou en pommade
- ☐ Disques à démaquiller
- ☐ Granules homéopathiques pour les douleurs dentaires ou gel dentaire
- ☐ Mouche-bébé
- ☐ Pommade cicatrisante
- ☐ Sérum physiologique (en monodoses)

☐ Sparadraps de différentes tailles

☐ Suppositoires ou sirop contre douleurs et fièvre

☐ Thermomètre (digital si vous pouvez, c'est le plus facile et idéalement avec un embout flexible)

Certaines crèmes ont des usages multiples – nous indiquons les fonctions des crèmes qui sont utiles pour vous – ne multipliez pas les crèmes si vous en trouvez des complètes.

Votre pharmacie doit être placée hors de la portée des enfants et idéalement mise sous clé.

Contrôlez-la régulièrement, afin d'éliminer les produits ou médicaments périmés.

Cette liste constitue la base, dont vous aurez vraisemblablement l'utilité : votre pharmacie va s'agrandir en fonction des affections de vos enfants et des prescriptions médicales de votre pédiatre (compresses, bandes de gaze, collyre pour les yeux, sirop antitussif, etc.).

* * *

Pense-bête Vacances ou Week-End

- ☐ Poussette (elle permet de dormir à l'abri du soleil et du vent, sert de lit éventuellement pendant la durée des vacances – vérifiez juste que le matelas soit assez confortable)
- ☐ Lit de voyage (ou tente) dès qu'il ne tient plus allongé dans la poussette. Évitez les modèles qui pèsent une tonne, ça rend les parents moins mobiles !
- ☐ Le babyphone si vous en avez un, très pratique selon les configurations des vacances (grande maison par exemple…)
- ☐ Porte-bébé ou écharpe selon ce que vous aurez choisi
- ☐ Biberons, tétines en quantités suffisantes
- ☐ Pastilles à stériliser si vous le faites (plus pratique que de promener son appareil à stériliser)
- ☐ Carnet de santé (avec les vaccins et éventuelle carte d'assurance)
- ☐ Livret de famille
- ☐ Carte d'identité ou passeport
- ☐ Bouées ou brassards si vous allez près de l'eau !
- ☐ Rehausseur ou siège adapté pour les repas des enfants qui tiennent assis (la poussette fait très bien l'affaire si vous avez la place !) – il existe aussi des appareillages qui s'ajoutent à des sièges normaux (très pratiques à prendre en balade ou en voyage car nettement plus légers !)
- ☐ Crème solaire spéciale enfants (toujours privilégier l'ombre et les manches longues et éviter les heures les plus chaudes)

***

Liste pour voyage en Voiture

- ☐ Voir liste Sac à Langer
- ☐ Voir liste Matériel Vacances ou Week-End
- ☐ Pensez simplement à ajouter un pare-soleil à l'arrière, très utile !

***

Liste pour voyage en Avion

- ☐ Body
- ☐ Pyjama ou tenue souple
- ☐ Gilet ou jaquette ou cardigan
- ☐ Bonnet
- ☐ Disques de coton pour les oreilles
- ☐ Couverture
- ☐ Biberon ou sucette
- ☐ Lingettes
- ☐ Couches
- ☐ Si allaitement au biberon, lait prédosé en récipients pour nombre de biberons suffisant pour assurer toute la durée du vol + un de secours (on ne sait jamais)
- ☐ Un chauffe-biberon de voiture, pour le biberon ou un petit pot en verre (moins efficace qu'un vrai chauffe-biberon mais permet de tiédir). Si vous n'avez pas de chauffe-biberon, pensez à mettre le biberon sous l'eau chaude ou dans un récipient plein d'eau chaude – c'est moins efficace mais mieux que rien si Bébé n'aime pas le lait froid !

***

Matériel des Vacances d'Été

- ☐ Bonnet, chapeau
- ☐ Lunettes de soleil
- ☐ En cas de peau très pâle, il existe des vêtements anti-UV
- ☐ Bouées ou brassards si plan d'eau ou mer
- ☐ Crème solaire spéciale enfants (toujours privilégier l'ombre et les manches longues)

Et n'oubliez pas : évitez d'exposer les bébés au soleil, surtout aux heures les plus chaudes.

***

Pharmacie des Vacances d'Été

- ☐ Crème solaire (protection maximale, produit spécifique aux enfants)
- ☐ Crème hydratante
- ☐ Produit anti-moustiques
- ☐ Crème apaisante en cas de piqûres d'insecte et/ou brûlures
- ☐ Un soluté de réhydratation (utile en cas de gastro-entérite par exemple ou de très fortes chaleurs, à voir avec votre pédiatre)

***

Matériel pour Neige et Sports d'Hiver

- ☐ Crème solaire écran total
- ☐ Lunettes solaires adaptées, même par temps couvert
- ☐ Cold cream ou stick hydratant
- ☐ Cagoule ou bonnet type péruvien ou chapka (qui couvre bien les oreilles)
- ☐ Des moufles pour les mains (jusqu'à 3 mois, utilisez des moufles « poches », pas de pouce séparé, tous les doigts sont ensemble ; après 3 mois, le pouce séparé permet à l'enfant de prendre des objets)
- ☐ Une combinaison de ski
- ☐ Body à manches longues (idéalement en laine et coton)
- ☐ Couverture polaire ou sac de couchage en laine ou équivalent
- ☐ Une sucette pour la montée
- ☐ Le sac à langer complet (cf. Sac à langer)
- ☐ De la pharmacie si besoin est (cf. Pharmacie de base)

***

Numéros de téléphone importants

Maman : ______

Conjoint : ______

Sage-femme : ______

Grands-parents maternels : ______

Grands-parents paternels : ______

Baby-sitter 1 : ______

Baby-sitter 2 : ______

Baby-sitter 3 : ______

Pédiatre / médecin de famille : ______

Hôpital pour enfants : ______

Garde de pédiatrie : ______

Urgences : ______________________________

Police : ______________________________

Centre antipoison : ______________________________

Autres téléphones : ______________________________

Notes personnelles

Notes personnelles